销售就是做渠道

武永梅◎著

古吴轩出版社

中国·苏州

图书在版编目（CIP）数据

销售就是做渠道 / 武永梅著. — 苏州：古吴轩出
版社，2017.1
ISBN 978-7-5546-0837-1

Ⅰ．①销… Ⅱ．①武… Ⅲ．①购销渠道 Ⅳ．
①F713.1

中国版本图书馆CIP数据核字（2016）第298810号

策　　划：花　火
责任编辑：蒋丽华
见习编辑：薛　芳
装帧设计：润和佳艺

书　　名：**销售就是做渠道**
著　　者：武永梅
出版发行：古吴轩出版社
　　　　　地址：苏州市十梓街458号　　　　邮编：215006
　　　　　Http：//www.guwuxuancbs.com　　E-mail：gwxcbs@126.com
　　　　　电话：0512-65233679　　　　　　传真：0512-65220750
出 版 人：钱经纬
印　　刷：北京中振源印务有限公司
开　　本：710×1000　　1/16
印　　张：15
版　　次：2017年1月第1版　　第1次印刷
书　　号：ISBN 978-7-5546-0837-1
定　　价：42.00元

如有印装质量问题，请与印刷厂联系。010-89579026

前言

PREFACE

　　现代营销学之父、美国学者菲利普·科特勒博士曾给出定义："营销渠道是促使产品或服务顺利被用户使用或消费的一整套相互依存的组织。"

　　按照这个定义来看，制造产品的生产企业是营销渠道的起点，消费者是营销渠道的终点。两者通过产品交易而产生联系，渠道就是把产品从企业传递到消费者手中的那条路径。这个路径并非简单的两点一线，而是由多个单位和多种组织共同构成的复杂的商业生态系统。经销商、代理商、零售商等角色都是渠道中间环节的一部分。

　　营销渠道的基本职能包括市场调研、产品促销、接洽用户、配合生产和物流、融资、承担各方风险等。现代企业之间的竞争表面上是在较量产品营销能力，实际上是在较量整个营销渠道的综合实力。营销渠道体系是企业品牌的支柱，渠道竞争已经成为市场竞争的焦点。谁的渠道覆盖率更广，谁的渠道运转更健康，谁就能在目标市场中占据主动权。

　　随着市场环境的不断变化，特别是"互联网+"等浪潮的冲击，让传统渠道面临着被颠覆的挑战。此前粗放而不规范的传统渠道管理方式，在层出不穷的新问题面前相形见绌，无力继续守护好这条企业的财脉。有识之士已经意识到，以更科学的方式指导渠道建设已经迫在眉睫。企业唯有积极求变，升级系统，才能赢得今后的渠道竞争。

由于渠道对企业发展至关重要，有些业界人士甚至提出了"渠道为王"的口号，认为发展一条好渠道比什么都重要，就连企业品牌形象也被看作渠道的附庸。这是一种非常片面的看法。因为营销渠道本身就是企业品牌整体形象中不可分割的一部分。打造受消费者喜爱的品牌化渠道，是击败竞争对手渠道的关键。所以，菲利普·科特勒博士才宣称："营销渠道决策是管理层面临的最重要的决策，公司所选择的渠道将直接影响其他所有营销决策。"

为了让大家能简明地了解营销渠道建设及管理知识，本书从八个方面勾勒出渠道管理体系的概貌。

第一章讲述的是渠道的基本常识与当代市场环境对渠道建设产生的影响。通过阅读本章内容，我们可以弄清楚渠道与品牌之间的辩证关系，新时代渠道管理的发展方向，企业掌握营销渠道的基本手段，以及企业在渠道管理过程中常见的几种误区。

第二章主要讲渠道成员的选择问题。俗话说："生意好做，伙计难调。"选对了合作对象，企业才能在市场竞争中走得更稳、更远。从渠道成员的类型到最终消费者需求模型，从挑选经销商的基本方法到培训经销商的常用思路，渠道管理者只有把这些情况弄清楚了，才能找到最适合公司的合作对象，进而搭建起营销渠道的框架。

第三章分享的是渠道规划知识。通过渠道盘点活动，我们可以了解到当前渠道的运营状况与需要改进的方向。做渠道设计时务必要遵守系统整体优化原则，根据渠道生命周期来选择合适的渠道发展策略，用最符合企业实际情况的渠道布局来整合优质资源。

第四章讨论的是渠道运营问题。具体包括企商双方怎样制定渠道政策，怎样提高产品的竞争优势，怎样进行项目管理，怎样制定渠道价格，怎样防止窜货行为等。

第五章交流的是渠道绩效评估问题。用科学、合理的绩效指标来考核各个渠道成员，是做好渠道管控的主要手段。除了对中间商、销售人员的营销业绩进行考核外，渠道管理者还应该全面评估渠道的健康状况与生命力。做好客户满意度管理与信用管理，离不开严密的考核制度。

第六章谈的是渠道激励问题。渠道激励政策是渠道管理制度不可分割的一部分，激励对象主要是各级经销商。经销商作为渠道的中间力量，在很大程度上决定着渠道的运营效率。所以，如何保持经销商的销售士气，如何发挥大客户对渠道的积极作用，也是渠道管理者要深思的课题。

第七章讲述了渠道日常维护的要点，尤其是渠道冲突的处理问题。渠道成员的利益存在某些客观差异，如果不能妥善协调的话，就可能形成渠道冲突，最终破坏整个渠道的正常秩序。渠道维护工作覆盖了渠道中的所有环节，信息管理、物流管理、铺货管理、财务风险管控都是必不可少的内容。

第八章主要说的是渠道团队建设。渠道管理者应当具备哪些综合素质，渠道谈判及客户投诉处理技巧，如何打造高质量的内部渠道团队与外部渠道团队，如何进行渠道创新，这些问题本章都有涉及，在此不再赘述。

渠道管理工作千头万绪，管理知识博大精深。希望本书能给您带来一定的启发，帮助您在渠道管理工作中走出一条自己的道路。由于笔者水平有限，本书难免挂一漏万，存在某些贻笑大方之处，还请各位读者多多批评、多多谅解。

目录
CONTENTS

第一章　渠道力量——打破企业之间的界限　001

品牌与渠道，哪个更重要　002

从三维变量看渠道　007

"互联网+"与全渠道时代　012

企业凭什么掌控营销渠道　017

渠道管理的三种模式与八个误区　022

第二章　成员选择——找到最合适的伙伴　027

渠道不只是条供应链　028

先弄清楚消费者为什么想买　034

挑选经销商的三次大考　040

谁说合作伙伴不用再培训　046

最高理想是企商双方一体化　051

第三章　布局设计——盈利从优化结构开始　057

渠道盘点与最优化标准　058

渠道设计要重在"点"上　063

整合优质资源，先避开这些误区　069

生命周期对渠道的影响　074

组合布局，渠道的力量倍增器　079

第四章　运营策略——掌控好你的财脉　085

构建企商双方的渠道政策共识　086

提高产品的渠道竞争优势　091

项目管理，渠道运营的核心　096

最重要的因素是价格体系　101

预防窜货，渠道有责　107

目录
CONTENTS

第五章　评估要点——成效永远始于绩效　　　　115

渠道的价值应该这样衡量　　　116

怎样判断渠道的生命力　　　122

绩效考核，谁都不能少　　　128

客户满意度是做渠道的重心　　　136

渠道管控的最高境界是信用管理　　　142

第六章　激励机制——点燃分销商的激情　　　　149

目标激励，先画饼再分饼　　　150

需求牵引，激励方案应当层层递进　　　155

保持销售士气需要综合手段　　　163

风险管理，别让大客户成为公司的软肋　　　169

第七章　系统维护——在冲突与合作中保持平衡　175

多管齐下，化解渠道冲突　　　　　176

保持渠道的畅通与润滑　　　　　183

实现信息、物流、终端铺货的最适化　189

头号公敌名叫"呆坏账"　　　　　195

第八章　团队建设——"护渠人"的职业修养　201

渠道管理者的综合素质模型　　　　202

商务谈判及处理客户投诉的窍门　　208

整合内外部团队，力求找到最佳渠道　214

渠道创新，敢走不寻常的路　　　　219

后　记　警惕营销渠道的三大基本矛盾　　　　　225

第一章
渠道力量——打破企业之间的界限

　　一件产品从生产企业到最终消费者手中经过的路径就是渠道。假如没有一个畅通的营销渠道，再优质的产品也无法转化为实实在在的公司盈利。由于渠道非常重要，不少企业信奉"渠道为王"的理念，而轻视了品牌建设。其实，渠道本身就是品牌建设的最佳平台，也是企业品牌形象的重要组成部分。打造一个品牌化渠道是企业渠道管理者的使命。

品牌与渠道，哪个更重要

经营公司最重要的任务是打造产品品牌还是开拓营销渠道？这个问题众说纷纭，形成了"品牌为王"与"渠道为王"两种截然不同的观点。

"品牌为王"理念并不意味着不要渠道，而是把打造品牌作为公司发展的核心工作。同样，"渠道为王"理念也没否定品牌的意义，只是把开拓渠道作为公司发展的核心工作。品牌先行还是渠道先行，不仅仅是发展策略的选择，还会对整个企业的组织形态产生深远影响。

主张品牌先行的企业更重视品牌形象的设计与传播，强化消费者对公司品牌信息的记忆效果。正如我们识别一个人的身份是看他的外貌，而不是X光照片下的骨架。品牌好比是企业的外貌，营销渠道如同企业的骨架。消费者对一家公司的第一印象来自于其产品名称与品牌形象，而很少会去关注其营销渠道的情况。

事实证明，品牌的力量是惊人的，一个代工厂以低成本生产的廉价产品只要一贴上世界名牌的标签，身价就会翻好几倍。消费者的眼里总是只看到品牌标识的光辉形象，而不会去想象这些看起来高端、大气、上档次的产品可能出自并不优质的原料和生产工艺。同样的质量与性能，价格却因品牌标识而有天壤之别，可见"品牌为王"的说法不是没有道理。

但事实同样证明，"渠道为王"的观点也具有很大的说服力。

对于广大厂商而言，渠道问题可能比产品本身更加头疼。那些缺乏营销渠道的公司，哪怕技术研发能力再强、资金再雄厚，也找不到用武之地。因为，你把产品做得再精细，如果打不开销路也是枉然。而在生产者发愁东西卖不出去的同时，消费者也在抱怨市场上缺乏自己需要的产品。双方之间缺乏一座沟通的桥梁，导致市场资源无法得到有效配置。生产者为消费者量身定做的产品找不到销售渠道，而消费者找不到该产品的购买渠道，最终生产者走向破产，而消费者的需求依然得不到满足，这显然是个恶性循环。

一家公司能否长期生存发展，在很大程度上取决于其营销渠道系统建设水平的高低。理论上，产品被企业生产出来后就进入了流通环节，想要销售成功离不开渠道成员的合作。因此，世界上妇孺皆知的著名企业品牌背后都有一个成熟的营销渠道，比如，全球最大的饮料公司巨头可口可乐从诞生以来一直不断改善自己的渠道。

成立于1892年的可口可乐公司用了不到三年的时间就把这款新颖的软饮料推广到整个美国。如今，世界上五种最有代表性的软饮料品牌中有四个属于可口可乐公司产品，它们分别是可口可乐、健怡可口可乐、芬达及雪碧。可口可乐的成功一方面是因为产品独特，其饮料配方中最核心的部分全世界也就几个人知道，另一方面则要归功于其别具一格的"3A+3P"营销策略。

3A指的是"买得起""买得到""喜欢买"，3P指的是"物有所值""心中首选""无处不在"。从"无处不在"这个企业核心理念足以看出可口可乐不断追求国际化的原动力，以及对渠道建设的高度重视。

可口可乐公司的主要扩张方略是特许装瓶模式，让中间商来生产、装瓶，再向批发零售渠道输送产品。可口可乐公司一直执行本土化战略，不仅员工和管理者以中国本地人为主，而且与太古、嘉里、中粮等特约装瓶商共同建立了几十个装瓶公司和生产工厂。这些中间商的国际化程度较高，而且经营理念与可口可乐公司相近，故而被选为营销渠道合作伙伴。

自1978年至今，可口可乐已经在中国各省份建立了成熟的销售渠道，碳酸饮料市场占有率已经达到33%。有81%的中国消费者知道可口可乐这种软饮料，中国市场上最受欢迎的四种碳酸饮料品牌有三个来自可口可乐旗下。

尽管中国经济一直保持着较快的增长速度，可口可乐公司的销售业绩也不断创造新纪录，但可口可乐在中国更多是靠食杂店等传统零售渠道来向广大乡镇市场扩张的。在渠道运营过程中，不同特许装瓶商与批发零售渠道之间存在缺乏统一协调、利益分配有矛盾、合作效率不高等弊端。

造成这种格局的根本原因是：可口可乐公司在中国市场建立的五个装瓶系统并没有变成利益共同体。

可口可乐公司采取的营销渠道分类原则是从消费者的角度来划分的。这种渠道划分方式会给销售活动带来一定的困难，因为大多中国零售企业只是按照笼统的一、二、三级客户来划分层次的，不像可口可乐公司划分渠道那么清晰。各装瓶商与批发零售商之间存在一定的竞争关系，而可口可乐公司的销售政策偏重于把各装瓶厂的资源投入到十一个合作伙伴那里，此举大大挫伤了批发商的销售积极性。

但总体而言，可口可乐公司的渠道管理理念还是比较先进的。重视营销渠道，但倡导多种营销要素的相互配合，而不过分夸大渠道的作用。这点与许多片面强调"渠道为王"或过分轻视渠道作用的企业不同。所以，可口可乐的品牌与渠道实现了共同成长，扩大了产品的市场覆盖范围。

"品牌为王"与"渠道为王"两种对立的观念，与管理层对实践的认知角度有很大关系。由于过去的工作重点是品牌推广，做市场出身的管理者往往觉得品牌比渠道更重要。而从做销售起步的管理者，接触最多的就是渠道商与客户，自然会倾向于"渠道为王"的观点。

其实，两者都只是站在自身本位看问题，而未能从宏观的角度审视全局。正如蛋黄与蛋清都是鸡蛋的一部分，品牌与渠道二者原本密不可分。设立品牌形象是离不开渠道支持的，甚至可以说渠道本身就是品牌建设的最佳平台。于是，营销界有人提出了"品牌化渠道"的概念，让渠道与品牌高度一体化，渠道延伸到哪里，品牌形象也跟着传播到哪里。

公司在进行品牌化渠道建设的过程中，需要注意以下几点：

1. 把销售人员与市场人员都整合到渠道维护机制当中

按照传统观念，维护渠道运营是由销售人员负责的，市场人员负责的是品牌建设和渠道营销推广活动策划。这种思路从根本上割裂了品牌与渠道之间的联系。事实上，渠道运营是市场运作的一环，也是公司打造品牌的关键。公司的渠道建设是围绕发展战略设计的，而发展战略是由市场人员制定的。所以，在渠道的宏观建设上，市场人员起着主导作用，销售人员扮演的是配合执行公司战略规划的角色。而在渠道的微观维护方面，直接跟渠道成员打交道的销售人员才是主导力量，市场人员的职责是为维护渠道的销售人员提供各种技术及策略支持。唯有如此，才能落实品牌化渠道建设工作。

2. 树立以消费者需求为中心的渠道管理理念

市场营销活动的实质是设法让消费者埋单。要做到这点，就必须把消费者的核心需求弄清楚。渠道与品牌的建设都是围绕消费者需求展开的，只是侧重点不同而已。品牌建设的侧重点是吸引消费者的注意力和购买欲，渠道建设的侧重点是确保公司能充分满足消费者的需求。由于企业往往要借助若干中间商的力量开展营销，终端市场的反馈信息传递渠道层级多，信息失真率也会水涨船高，从而导致企业无法准确把握最终消费者的需求变化。所以，企业进行品牌化渠道建设时一定要合理设计结构，力求能与最终消费者取得更畅通的联系，及时调整品牌宣传与渠道运营策略。

总之，塑造品牌与开拓渠道是两个既有区别又有联系的活动，如同马车的两个轮子。企业不能单纯依赖品牌或渠道，而忽视对另一方的投入。公司各部门分工不同，但都应该从不同层次来维护渠道的畅通，让品牌形象能通过成熟的渠道占领更多的市场。

▶ 要点回顾

1. 渠道是塑造品牌的最佳平台。

2. 良好的品牌能为渠道发展带来更多的资源。

3. 建设品牌化渠道是企业的必修课。企业应当以消费者需求为中心，把销售人员与市场人员整合到渠道维护团队中去。

从三维变量看渠道

一个高度优化的渠道是企业发展壮大的法宝。如今的世界已经进入了全渠道时代，同一个品牌可以借助互联网技术的力量延伸到多个渠道，实现线上线下一体化销售，让消费者获得全方位的服务。比如，王府井百货集团的渠道包括传统实体门店、官方网上商城、PC端平台旗舰店、移动端WAP商城、微信商城、移动电子工作台、24小时虚拟货架等，其渠道体系具有全纵深（连接线上线下）与24小时服务两个特点，让消费者能随时随地完成购物。

渠道的三维变量

多元化的渠道有利于提高营销推广效率，但渠道并不是越多越好。保持一个合理化的结构远比单纯地增加数量更重要。营销渠道的基本构造可以从长度、宽度、广度三种变量来衡量。

1. 渠道长度

渠道长度与渠道层级是一回事，即该渠道包含了多少层中间商。按照层级多少，营销渠道可以分为零级渠道、一级渠道、二级渠道、三级渠道以及多级渠道。

零级渠道并不是没有渠道，而是省略了任何形式的中间商。其渠道结构是：生产者——最终消费者。生产者直接控制流通领域，与消费者实现了无缝对接。零级渠道的优点是节省中间商成本，企业与消费者的交流更畅通；缺点是需要更灵活的营销形式与更高素质的营销团队。

一级渠道与零级渠道的区别是多一个企业直属或合作的销售终端，比如超市、购物中心等。需要注意的是，一级渠道不包含一切形式的经销商与代理商，销售终端与消费者是零级渠道关系，直接把产品卖给广大消费者，销售终端相当于产品的中转站。其渠道结构是：生产者——销售终端——最终消费者。故而一级渠道又被称为终端直销模式。

二级渠道比一级渠道多了一个中间商（经销商或代理商）层级。其渠道结构是：生产者——经销商或代理商——销售终端——最终消费者。企业先把产品和服务提供给中间商，中间商再将其批发到销售终端，销售终端再卖给消费者。假如中间商在此环节中把产品和服务批发给其他中间商，那些中间商再将产品和服务输入销售终端，就成了三级渠道。而中间商超过三个层级以上的时候，就成为多级营销渠道。

渠道层级越多，利润也被分得越稀薄。所以，在可能的情况下，企业通常会设法缩短渠道长度，减少销售渠道层级。但有时候，企业为了占据省、市、县以及乡镇各级市场，不得不在每个层级都找到一两家经销商，以分担自己的销售压力。

2. 渠道宽度

企业渠道层级多并不代表合作的经销商多，因为每个层级可能只有一家合作伙伴。真正能反映合作者数量的指标是渠道宽度，即同一层级中与企业合作的经销商的多少。比如，A公司只有一级渠道但合作的经销商有十个，B公司有二级渠道但每一层级只有一个经销商。A公司的渠道长度不如B公司，但渠道宽度远远超出了。

产品特征、经营方式、市场动态、公司策略都可能影响渠道宽度。根据同一层级的合作经销商数量多少，企业渠道可以分为三大类型：

第一种是集中型渠道，即每个层级只与单个经销商合作。这个经销商往往是企业在某个区域市场的总代理或总经销，只此一家，别无分店。集中型渠道的优点是业务简明、考核方便，企业可以集中更多精力与经销商进行沟通合作，提高协作默契度。但集中型渠道过于依赖唯一的经销商，一家独大的格局很容易让经销商变得缺乏积极性，反过来束缚企业的发展。这种渠道主要出现在企业刚进入某个市场的阶段。

第二种是选择型渠道，即在每个层级选择几个不同的经销商来做渠道分销。企业通常会在集中型渠道逐渐成熟后主动扩宽渠道，形成这种格局。由于合作对象增加，选择型渠道对市场的覆盖面会更广，但同时对经销商的控制力比集中型渠道要弱一些。总体而言，选择型渠道能在两者之间保持平衡。不过，各经销商的销售区域有可能重叠，形成竞争关系。这需要企业注意随时协调各合作方的利益。

第三种是密集型渠道，即每个层级会找多个经销商合作分销。当选择型渠道发展成熟后，企业会把渠道宽度尽可能地扩大，让更多的经销商参与进来。密集型渠道的控制难度系数最高，但市场覆盖面也最广。由于每一级都是多个经销商搞密集营销，势必会引发他们之间的激烈竞争，甚至导致恶性竞争。

3. 渠道广度

一个企业的渠道有多个层级，并且每个层级有多个经销商时，其渠道依然不一定有广度。因为渠道广度与各层级经销商的数量无关，只与经销商的类型挂钩。企业渠道选择的经销商类型越多，渠道也就越广。由此可以划分为两种类型的渠道：

第一种是一元化渠道，即只有单一类型的经销商或分销渠道。一元化渠道的优点是便于统一管理和协调，缺点是局限性比较大。企业使用一元化渠道时应该注意结合自己产品与目标市场的特色，否则很容易造成分销受阻的局面。

第二种是多元化渠道，即拥有多个不同类型的经销商或分销渠道。多元化渠道又分为"同一产品+不同经销商"与"不同产品+不同经销商"两种情况。多元化渠道最大的优点是利于企业攻占各类细分市场，把市场覆盖率提高到最大。但渠道中的各类经销商往往存在相互竞争关系，企业若不能妥善协调，容易引发各类经销商之间的恶性竞争，导致分销效率降低。

从根本上说，渠道长度、渠道宽度、渠道广度这三种变量共同支撑着渠道的整体结构。企业在构建自己的营销渠道体系时，一定要注意这三种变量之间的平衡，让渠道结构更加符合自身的发展需求。

影响渠道的三个因素

为了让渠道的长度、宽度、广度更合理，企业应该注意以下几个因素：

1. 产品因素

包括产品的价格、性能、技术含量、生产周期、形状、重量、耐用性、易损性、款式等。此外，投入市场的新产品会对老产品的营销渠道造成影响。如果新产品是老产品的升级版，那么使用老产品现有的渠道即可。如果是全新的产品，就得考虑投入更多资源来开拓新渠道，以便迅速占领市场。

2. 市场因素

市场因素包括市场容量大小、市场集中程度、竞争激烈程度、市场是否存在季节性周期、消费者每次购买的数量、消费者购买的频率等。市场因素的变化对渠道有着直接影响。比如，企业在分散且竞争不激烈的市场可以选择多层级的长渠道，而在高度集中且竞争激烈的市场应该使用短渠道。

3. 企业因素

知名企业或资金雄厚的新兴企业往往会选择短渠道，让自己最大限度地贴近最终消费者。因为他们有充足的财力、人力、物力来直接渗透到目标市场，不需要过多借助经销商来完成分销。而那些名气不大或财力不强的企业会采取长渠道，通过借助合作经销商的销售能力来占领更多市场份额。

公司在调整营销渠道的时候，一方面要把这三种变量纳入通盘考虑，以此考察渠道结构是否稳定、合理；另一方面要结合产品因素、市场因素、企业因素来认真分析渠道结构的变动是否对公司发展有利。

▶ 要点回顾

1. 渠道长度、渠道宽度、渠道广度的概念。
2. 三种变量衍生出来的渠道类型有零级渠道、一级渠道、二级渠道、三级渠道、多级渠道、集中型渠道、选择型渠道、密集型渠道、一元化渠道、多元化渠道。
3. 影响三种变量的三个因素分别是产品因素、市场因素、企业因素。

"互联网+"与全渠道时代

人们对营销渠道的定义一直在不断变化。狭义的渠道是指从生产企业到商业企业之间的销售路径。随着市场与公司制度的不断完善，渠道又增加了"终端"作为销售的最后环节。"终端"指的是商城与专卖店等购物场所，渠道也随之扩展为生产企业——商业企业——终端这三个环节。到了今天，渠道的内涵与外延进一步扩大为五个环节：生产企业——商业企业——终端（商场、专卖店等）——销售人员（店员、促销员）——消费者。

我们从这个演变过程中可以看出，渠道的起点是生产企业，终点是最终消费者，两者之间存在不同的路径与若干有关联的层级，每个环节都是营销渠道的一个组成部分。

从最初的两个环节到现在的五个环节，渠道变得越来越复杂，但归根结底都是生产企业通过转移产品所有权来把产品送达最终消费者手中。最终消费者可以是人，也可以是某种组织机构（比如另一个企业）。尽管产品传递的五个环节看起来多，但在"互联网+"时代，渠道的实际长度可能反而比过去更短。

"互联网+"对渠道的影响

"互联网+"并不仅仅是指在淘宝上开个商铺，而是指借助互联网平台和信息技术打通价值链，促进各行各业的跨界整合。在这个背景下，企业的组织形态、营销手段与管理方式都要做出相应的调整，渠道建设也不例外。

发达国家的电子商务比较成熟，垂直的B2B（企业到企业）模式相对较完善，供应链上下游企业都能在一条稳定的渠道上实现高水平的协作。而中国许多公司目前只是借助B2B模式来促进交易，尚未打通整个供应链的上下游，构建企商一体化的全渠道。

所谓全渠道指的是，一个品牌把各种线上渠道与线下渠道整合为一体，从多方面为该品牌的目标消费者提供产品与服务。

过去，企业渠道往往呈金字塔结构，分为全国代理、地区代理、市县代理、乡镇代理等层级。最低层级直接与最终消费者打交道，最了解消费者的需求情况，但收益反而是最少的。而金字塔上层的收益更多，但离最终消费者更远，一旦出现营销战略失误，很容易造成渠道压货、库存上升。

而在"互联网+"时代，网上商城与线下实体店一体化的O2O（线上到线下）型企业改变了传统渠道模式，大大提升了企业对终端客户的控制力。互联网本身就是一个巨大无比的渠道，大数据等新兴技术不仅让电子商务如虎添翼，还为企业渠道管理提供了更多技术条件。在网络营销渠道上，企业可以实现对整个运营流程的实时管控，不断根据各渠道环节反馈的数据来调整渠道布局。

随着市场环境的变化，企业的渠道结构会存在多种不合理之处，比如出现不能对消费者产生价值的层级。这些层级的经销商拉长了产品从生产企业到最终消费者之间的流程，让渠道管理变得复杂，成本也有所增加。渠道合理化是渠道管理的基本要求之一。那些不能为消费者提供更多价值的无效环节如同企业的赘肉，削减之后不但可以节省公司的运营成本，也能让消费者获得更多价值，提高他们对企业品牌的美誉度。

在这个优化渠道的过程中，电子商务起到了重要的推动作用。电子商务所依赖的线上网络渠道，比有若干层级的线下渠道更短，与消费者的互动性也更强。而且企业在线上渠道的信息传播范围更广，与各方业务的协作更加密切且有序。这是构建全渠道营销的关键。

从2013年至今，许多传统产业的企业利用电子商务向B2B垂直领域拓展，各种专业的行业信息网站也纷纷出现。同行业的公司利用这个行业平台分享情报、促进交易，使得整个产业趋于电子商务化。在这个背景下，传统企业的渠道由线下为主开始向线上为主过渡。网络营销渠道与传统营销渠道的流程各异，管理方式自然也会随之转变。

毫无疑问，"互联网+"为企业渠道管理打开了新世界的大门，但并不是所有的企业都必须把营销渠道全部转到线上。

在京东销售成绩最好的家具品牌西昊家具成立于1999年，但生意长期以来不温不火，而淘宝、京东等网上商城的兴起让西昊家具另辟蹊径，把营销重点放在了网络渠道上。通过努力，西昊家具在各大电商平台中获得了家具行业销售第一名的好成绩，公司的销售业绩几乎100%来自于网络渠道。但进入2013年以后，西昊家具开始重建一度放弃的线下销售渠道，创办品牌旗舰连锁店与体验店，营销渠道也转为以线下渠道为主、网络渠道为辅。

每个公司都有自己的情况，建设渠道也不能一味照搬某个"完美"

的全渠道模式。无论是线上还是线下的营销渠道，都是企业可以利用的工具，但需要注意的是，选择渠道时应该兼顾运营成本、为消费者创造的价值等因素。

未来的渠道发展趋势

如今的市场需求越来越多样化，消费者订单数量增加的同时也变得更加碎片化。这使得企业必须根据市场变化增加渠道类型，而渠道结构的大调整对渠道管理团队提出了更高的能力要求。面对这股不断颠覆传统格局的时代潮流，我们应该注意"互联网+"背景下的几个渠道运营发展趋势。

1. 多渠道整合

无论是网络渠道还是线下传统渠道，都可以形成多种多样的布局组合。在企业拥有足够渠道管理能力的前提下，多渠道整合有助于企业实现品牌产品的全方位营销。为了避免多元渠道出现重复建设、恶性竞争、资源浪费等情况，执行全渠道战略的企业要设法把各个渠道纳入一个统一管理的整体。在保证公司发展战略统一的同时，各个渠道实现战术自主，以激励其营销积极性。如果不经过渠道整合，多元就不会变成一体。

2. 渠道营销细分化

需要注意的是，全渠道不是一个大而全的渠道，而是由多个渠道构成的有机整体。在这个消费者群体趋于多样化的年代，根本不存在一个能包打天下的大而全的渠道。市场环境促使企业学会怎样根据目标市场用户群体来细分渠道，从一个品牌中衍生出若干种新产品，让品牌旗下的产品形成一个覆盖多种细分市场的产品体系。

3. 渠道碎片化

互联网的发展让市场需求趋于多元化，而多元化市场让渠道变得越来越碎片化，许多中小代理商将分别渗透进各自的细分目标市场中。这是未来市场的新常态，也是企业需要注意的渠道建设难点。尽管渠道碎片化是大势所趋，但企业渠道只能形散而不能神散，越是碎片化的渠道越需要一个共享协调机制，把各种信息、资金结算、推广营销、物流配送等环节融为一体。

4. 渠道管理大数据化

线上渠道与线下渠道都会产生大量数据，而这些数据就是公司决策层进行营销戗的依据。大数据技术的出现可以让管理者随时随地查看当前公司各渠道的运营状况，从实时数据中发现渠道运营的不足或者新的商机。公司对各渠道的监控能力与协调能力也由此上升一个新台阶。没有对销售数据的充分掌控，企业根本无法协调好多元化的全渠道机制。

总之，在"互联网+"时代，营销渠道体系正在不可避免地产生许多新变化，一个有远大目标的企业应当直面挑战，抓住机遇开拓新渠道，把多个细分渠道融合为一个整体。只有全渠道营销，才能让企业适应多元化、碎片化的现代市场，获得更深厚的发展后劲。

▶ 要点回顾

1. "互联网+"浪潮正在颠覆传统渠道的布局。

2. 线上线下渠道一体化已经成为众多企业的发展目标。

3. 全渠道营销体系并不依赖一个"大而全"的渠道，而是由多个细分市场渠道共同组成的有机整体。

企业凭什么掌控营销渠道

渠道建设是企业营销中极为重要的一个环节。企业怎样打赢这场旷日持久的品牌营销战，成为众多企业关注的焦点？前面提到的"品牌为王""渠道为王"等观念，就是企业对赢得市场竞争的几个思考方向。从根本上讲，渠道建设是为提升公司综合竞争力而服务的。公司的竞争要素决定了渠道建设的基本方向。

不同阶段的渠道竞争特点

企业的竞争要素主要包括战略、战术、价值三个方面。战略指公司营销的根本方针，战术指的是具体管理及营销措施，价值指的是公司营销活动中的增值要素。通过这三个要素的排列组合，企业在不同阶段的营销策略与渠道建设会体现出不同的特点。

第一阶段竞争重点：产品与技术

公司上市初期的重点是搞好产品与技术研发。此时的企业在市场上没有太大的品牌影响力，必须靠新颖的产品与技术来打开突破口。这个阶段的渠道管理比较简单，还不需要设计复杂的营销渠道。只要打造一款让消费者心动的优质产品，就能吸引一批代理商与经销商找上门来谈合作。此时公司的核心竞争力是产品，渠道的作用还不太突出。

第二阶段竞争重点：价格与推广

任何一款新颖的产品火爆上市后，很快就会出现大量追随者与模仿者。公司的竞争对手会不断增多，市场也逐渐走向饱和。在这个阶段，优惠促销是一种常见且有力的竞争手段。渠道建设也是围绕着降低成本与扩大影响力的方向发展，比如寻找报价更低的厂商合作生产，占据更多的销售终端（商城、实体店）。

第三阶段竞争重点：服务与渠道

渠道建设在本阶段已经上升为市场竞争的重点。只有推出各种增值服务与建立完善的营销渠道体系才能让企业在激烈的市场竞争中屹立不倒。其中，服务竞争比拼的是售后服务、用户体验、增值服务的性价比等因素，渠道竞争比拼的是代理商或经销商的实力、与中间商的合作模式、物流配送网络的成熟度、渠道利益分配结算方式是否合理等因素。

第四阶段竞争重点：企业的整体品牌建设

当一个企业成为行业中举足轻重的领跑者时，竞争的对象必然是那些同样实力强劲的佼佼者。这一类公司在产品、渠道、知名度上都远远超过了大部分同类企业，特别是对渠道环节的控制力远超大多数竞争对手。要与之争锋，唯一的办法就是优化整个品牌体系的建设，包括渠道建设的品牌化发展。

掌控渠道的基本手段

在不同的阶段，公司选择的战略、战术、价值组合各有区别。所以，没有固定的渠道建设模式，关键是根据各个发展阶段的竞争重点来调整渠道体系。为了实现这个目标，企业需要提升自己对渠道的掌控能力。通常而言，公司主要用以下几种手段来掌控渠道：

1. 用企业远景来凝聚各个渠道成员

企业远景就是公司的长远目标，堪称企业的灵魂。许多公司及其合作经销商都只是盯着利润，缺乏明确的远景。但市场瞬息万变，只是盯着短期的利润增长点，很容易错过放长线钓大鱼的机会。那些有远见的企业往往会从更宏观的角度去看问题，用更开阔的视野来布置渠道全局，而不是轻易地随波逐流。

具体落实办法主要有以下两点：

一是让企业高层管理者时常巡视和访问各层级的经销商。此举是为了在管理层之间建立密切的个人联系，以便进一步加强对渠道建设与发展远景的沟通，从而达成更多共识。渠道中间商了解企业的主要途径是业务交流与高层沟通。但前者并不会让经销商自动产生共同的发展目标，唯有高层沟通才能输出企业发展蓝图，增强各级经销商对企业的向心力。

二是可以创办公司内刊。公司内部刊物是企业管理层向全体员工传播公司理念和解读行业市场发展动态的一种重要途径。通过这种形式，公司员工可以充分了解当前公司高层的想法与行业情报，与公司战略步调保持一致。在公司内刊中开设专栏介绍与公司相关的合作经销商，可以加深员工对渠道合作伙伴的了解程度。此外，还可以把公司内刊定期送给各个经销商，让他们也能及时了解公司的发展情况，以利于继续合作。

2. 用品牌文化来促进各渠道环节的融合

如今，市场上同质化产品非常多，最主要的区别是品牌。品牌是一种无形资产，品牌形象融合了极高的知名度与美誉度，可以变现为巨大的经济价值。为了降低运营成本，有不少世界500强企业不再开办自己的工厂，而是借助第三方代工厂来生产产品，自己主要负责贴上品牌做营销推广。在一定程度上，品牌已经成为一种独立于产品之外的文化。甚至可以说，产品只是企业品牌文化的载体之一。

经销商虽然不直接参与生产流程，但他们在流通环节中也是品牌的一个重要组成部分。通常来说，生产商的品牌是通过经销商来传播的，但经销商自己的品牌不得不依附于生产商的品牌来提高知名度。不过，这对经销商本身也颇为有利，因为知名品牌天生就有强大的传播力度，挂靠品牌化渠道的经销商是背靠大树好乘凉。所以，用品牌文化来促进各个渠道成员的深度合作，让他们与公司品牌形象融为一体，是企业掌控渠道的一种重要方针。

3. 通过提供专业指导来掌控渠道

不少经销商在发展到一定阶段时会进入一个瓶颈期。突破的办法就是学习更多专业管理知识，改变束缚自身发展的不利因素。而企业恰恰可以借此机会组织力量给各级经销商当老师或顾问，指导他们怎样突破各自的瓶颈，获得更好的效益。这对企业的渠道建设团队提出了更高的要求。

在一个成熟的渠道中，企业与经销商的利益是高度一致的。换言之，经销商碰到的问题也同样是企业要克服的困难。企业渠道建设团队不仅要把新产品推介给各级经销商，还应该主动为经销商设计一些降低成本、提供利润、扩大销路的解决方案。如此一来，经销商追求自我成长的需要就能得到充分满足，对企业品牌的忠诚度也水涨船高。最终的受益者仍是企业自身。

4. 直接掌控最基层的销售终端

在多级渠道中，企业往往是通过若干层级的经销商来与销售终端（商城、零售店等）发生联系的。一些销售能力强劲的企业可能会绕开经销商，直接与销售终端合作。但这种情况只有少数企业能做到，大部分企业还是得借助经销商来打通连接终端的渠道。

不过，有些企业会采取逆向思维，先与当地市场的销售终端构建直接联系，直接策划和组织终端零售店的促销活动。通过一段时间努力炒热整个市场，把新产品变成畅销产品，再反过来用招商加盟等形式来吸引优秀的经销商加入渠道。这也是一种构建多级渠道体系的办法，其最大的优点是能强化企业对一线销售的掌控水平。

基本对策有以下几种：（1）制作终端零售店的档案，包括地域分布图、主要店员资料、主要竞争对手资料等；（2）把零售店纳入企业的会员体系，时常组织活动、发放福利；（3）激励零售店积极开展促销活动，奖励其中的业务骨干；（4）企业协助零售店培训店员。

从根本上说，上述四种掌控营销渠道的策略都是在协调企业与各级渠道成员之间的利益关系。只有平衡好各方利益，有钱大家一起赚，才能同心同德，共同经营好渠道。所以，企业想掌控好渠道，一方面要设计好利益分配机制，另一方面要具备维护渠道利益共同体的德行。只要双管齐下，走遍天下都不怕。

▶ 要点回顾

   1. 渠道竞争是企业发展第三阶段的竞争重点，但在每个发展阶段都非常重要。

   2. 生产企业对渠道的掌控可以从远景、品牌、指导、终端四个方面着手。

   3. 想要掌控好渠道，一靠合理分配利益，二靠强化渠道成员凝聚力。

渠道管理的三种模式与八个误区

三大渠道模式

从根本上说，渠道就是企业与市场受众（最终消费者）之间的桥梁。而把产品送入市场的基本模式主要有三种：直销、分销和代销。

1. 直销

直销模式没有固定的店铺，由公司聘用的销售人员在固定营业场所以外的地方直接和最终消费者进行面对面的交易。直销模式绕过了批发商和零售商，几乎相当于生产商与最终消费者直接对接，所以被称为"直销"。从这个意义上看，直销渠道属于一种零级渠道，渠道管理的主要对象是公司的销售团队。

直销模式包括电视直销、电话直销以及网上直销等基本手段。电子商务和大数据等技术的兴起为这种渠道模式提供了更有力的技术支持。直销渠道建设的关键是细分市场，精准把握消费者的实际需求，尽可能地与消费者建立全面而深入的沟通关系。这对销售团队提出了很高的要求。

2. 分销

分销模式有一到多级渠道，分销中转站就是经销商。公司先把自己生产的产品批发给各层级的经销商，由经销商完成最终销售的临门一脚。不同于直销模式，实行分销模式的企业面对的不是最终消费者，而是广大经销商。分销渠道呈网络状分布，渠道随着经销商数量的增加而扩大。

分销有批发与零售两种模式。其中公司往往以批发模式来实现规模化发展，因为这种模式是企业把大批量的产品销售给若干代理商或某个特定消费者。零售模式则是走分散攻克小目标的路线，通过多个零售店完成销售任务。

分销渠道的中间环节比较多，所以管理起来更复杂。建设分销渠道时不能只想着怎样把产品卖给经销商，而应该注意从促销手段、结算方式、储运流程、培训机制等方面完善整个渠道。如果生产商一味做甩手掌柜，经销商可能会为了赚钱而减价处理产品，导致生产商的价格体系遭受冲击。

3. 代销

代销模式是代理销售的简称，即运用代理商进行二次销售。代理商买下生产商的产品后再代替生产商进行二次销售，这就是"代理"的含义。不同于分销模式，代理商买下的产品的所有权属于生产者，生产者则向代理商按比例发放佣金利润。电子商务兴起后，网络代理销售成为代销模式的一种主要形式。企业与某些网店达成代理协议，由企业提供市场信息、确定产品价格，并以代销价格交与网店进行销售。网店代理商接到订单后通知企业发货，产品是从企业（生产商）那里直接以物流配送的方式到达最终消费者手中。也就是说，这种代销模式下的代理商并不直接接触消费者预订的货物，而且也不提供售后服务（由企业负责）。

渠道管理的八个误区

营销渠道基本上都不超出直销、分销、代销三大模式，渠道的建设及管理也是围绕相应的模式来展开的。但在营销实践中，不少企业的渠道管理工作做得很粗糙，导致公司与代理商或分销商的合作只停留在表面上，各自为政、各行其是，没有形成真正的营销网络。总体来看，企业渠道管理主要有八个误区：

1. 把市场营销全丢给经销商

相对于生产商，经销商始终活跃在销售一线，熟悉消费市场的动态。所以，有的公司把一切营销活动都丢给经销商去做，将判断决策权下放给经销商。放权管理看似轻松，其实隐患多多。因为经销商只是渠道营销的一环，并不了解上游企业的情况。而总揽整个渠道大局的是企业，也只有处于渠道起点的企业才能从更宏观的层面把握市场全局。否则，各家经销商都按照自己的判断来开展销售，整个渠道非变成一盘散沙不可。因此，企业既不能完全抓权不放，也不能"放养"经销商。

2. 过于顾及感情而不讲利益

企业与经销商都是营销渠道的成员，需要保持和睦的关系，这样才能让整个营销渠道运转得更节能高效。但讲感情归讲感情，大家一起合作的根本目的是为了赚钱，具体说是为了用更高的效率来实现共同盈利。脱离这个大前提来谈感情的行为都是暂时的，迟早会伤害整个渠道，造成所有渠道成员全输的恶果。对于商业伙伴，感情联络与利益交涉都不能少，双管齐下才最好。

3. 把降低供销价格当成提升经销商销量的唯一手段

不少公司的渠道经理发现经销商的销售活动出现瓶颈时，就不假思索地采取降价战术，主动压低供货价格，以便经销商有更多的空间进行降价促销。问题是经销商销售业绩提不上去的原因多种多样，可能是产品本身定价不合理，也可能是经销商策略失当甚至能力欠缺。就算能让他们用更低的供货价格拿到货物，也无法真正提高产品的销售量。所以，公司做渠道管理时，要注意仔细分析销售不佳的原因，然后再对症下药，万万不可滥用降价手段。

4. 窜货

窜货指的是经销商不顾商业协议与生产商利益，进行产品跨区域降价销售。这种做法虽然能提升经销商的销售业绩，但对生产商的利益造成了损害，严重时足以导致整个渠道瓦解。不过需要注意的是，窜货现象的成因与表现方式多种多样，不能一概而论。那些故意为之的窜货是恶性窜货，生产商应该对这种行为进行惩罚。至于那些并非本意而且基本没有危害的窜货，生产商则应该以引导为主，让经销商减少这种行为。

5. 渠道建设过于分散

有些企业为了分散风险，在各层级大量引入不同的经销商，以免资源过于集中于一到几家主要经销商。这个看似稳妥的做法，反而会导致公司渠道管理复杂化，大大增加运营成本。事实上，与其引入大量能力参差不齐的经销商，不如选择几个实力雄厚的经销商来合作。优质经销商制度完善、操作规范，不仅合作效率更高，而且利于企业进行管理与监督。渠道建设不能只有华山一条道，但过于分散会影响企业的规模效益。

6. 以为市场需求大就不用努力建设渠道

某些市场供不应求，发展潜力很大，不需要太激烈的竞争。于是部分企业思想松懈，既不重视对营销渠道的建设与管理，也懒得加大对市场的开发力度。这种想法距离"坐吃山空"的不良后果只有一线之隔。市场需求量大，整个行业普遍供不应求，才更需要企业积极进取，在市场中占据有利地位。特别是在渠道控制这一块，企业如果不以长远的眼光铺设好一个成熟的营销渠道体系，那么竞争对手就有可能抢先一步完成这项战略准备工作，再一步一步压缩企业渠道的扩张空间。先手者利，先悟者明，未雨绸缪、占据制高点才是渠道管理的正途。

7. 渠道定价一刀切

有些处于渠道上游的公司认为价格不统一会打乱市场秩序，导致产品整体销售业绩下滑。这个想法未免太死板，因为市场是复杂多元的，企业产品在不同区域的价格难免会有调整。在不同区域、不同层次的渠道中选择符合当地市场情况的定价策略，是市场自然调节的结果。一刀切的渠道定价策略，只会让企业在不同区域、不同层次的渠道中遭遇更多不必要的阻力。

8. 渠道策略一成不变

"此一时彼一时"是市场中的常见现象，许多曾经的知名企业就因为墨守成规而被市场淘汰。营销渠道是由多个环节共同构成的，无论哪个环节发生变化，都会影响到整个渠道。所以，公司需要根据不同的发展阶段来制定相应的渠道管理策略，以求最大限度地适应市场变化。一年调整一次渠道策略也不算多。

▶ 要点回顾

1. 渠道建设的三种基本模式是直销、分销、代销。
2. 企业渠道管理常见的八种误区。

第二章
成员选择——找到最合适的伙伴

　　成熟的企业渠道是由多种成员和多个环节共同构成的。生产商是渠道的起点，最终消费者是渠道的终点，经销商与零售商都是渠道的中间环节，还有银行、广告公司、物流公司、管理咨询公司等多个合作对象提供各种技术支持。所以，构建企业营销渠道是一个系统工程，其中关键的一步就是选择合适的渠道成员。

渠道不只是条供应链

有人把渠道理解为供应链，这个解释有一定道理。因为供应链是生产商、供应商、经销商、零售商与最终消费者共同组织的一个网络。从原材料采购到制作半成品或产品，再到销售网络把产品传送到最终消费者手中，企业供应链始终贯穿其中，发挥着穿针引线的作用。从某种意义上说，企业就是通过供应链来掌控物资、资金和信息的。但实事求是地说，渠道不只是一条供应链，一条完整的营销渠道不只是生产商、经销商、零售店的集合，而是由多种成员共同构成的一个系统。

根据各成员在营销流程中扮演的不同角色，企业渠道成员可以分为两大类。第一类是基本渠道成员，包括生产商、经销商、零售商和最终消费者。第二类是专业渠道成员，主要是一些不直接参与销售的必要服务提供者，包括功能型服务企业与支持型服务企业两种。

基本渠道成员

1. 生产商

本书提到的"企业"主要是指生产商，即创造某个产品品牌的公司。生产商是企业营销渠道的源头与核心。没有生产商的品牌与产品，任何渠道中间商都失去了存在的意义。因为渠道中间商的天职原本就是推广某家生产商的产品和品牌。当渠道中的各级经销商出问题时，生产商还可以寻找其他合作对象来填补渠道环节中的空缺。如果生产商自己倒闭了，整个渠道也会彻底瓦解，再也无法重建。通常而言，生产商在整个渠道中起着主导作用，但有一些生产商只是某个工业知名品牌的上游供应商，对营销渠道缺乏掌控能力。

2. 经销商

经销商是营销渠道中的主要中间环节，其类型多少与规模大小直接决定了营销渠道的组织形态。经销商在营销流程中主要负责把产品推销给零售商，堪称生产商与零售商之间的桥梁。生产商构建渠道的主要工作就是在每个目标市场都找到若干有实力的经销商。经销商专门负责推广销售，不涉及生产研发，几乎适用于一切产品的销售工作。渠道层级的多少（即渠道长度）主要取决于公司设立了几级经销商。经销商作为产品流通的中转站，分销作用并不明显，但会分掉很多利润。因此，很多生产商会尽量削减中间环节，让自己离终端的零售商更近。

3. 零售商

在整个渠道中，零售商与最终消费者直接挂钩，没有任何中间环节。零售商与经销商都属于中间商，但不同的是经销商不直接与最终消费者产生联系，而零售商通常不与生产商直接挂钩。零售商由于处在市场终端，对消费者的需求最为敏感。与此同时，消费者主要是在零售商的实体店里采购产品。所以，一些品牌产品的卖场环境布置都是由零售商完成的。在国美、苏宁之类的企业渠道中，零售商堪称主导力量。随着移动互联网技术的不断发展，零售商在营销渠道中的地位也随之上升。有些生产商也借助网络渠道直接建立自己的零售终端，比如品牌体验店等。

4. 消费者

前面三个渠道成员都属于我们俗称的"卖家"，而消费者则是"买家"。买卖双方都是营销渠道的一部分，缺谁都不完整。营销渠道的起点是生产商，终点是消费者。从某种意义上说，生产商、经销商、零售商必须努力获得消费者的认可，才能实现自己的最终目的——盈利！为此，消费者行为与购物心理不仅是市场部与销售人员研究的对象，也是经销商、零售商的关注焦点。弄清消费者需求类型与购买能力也是建设营销渠道的重要环节，并不是所有的消费者都适合成为公司渠道的终点。

特殊渠道成员

1. 功能型服务企业

这类企业通常为整个渠道承担某种功能。比如，产品的储藏与配送是渠道管理中的一项重要工作。特别是食品类产品，新鲜度与配送速度堪称是企业的生命线。功能型服务企业主要包括产品装配、仓储保管、交通运输、物流配送等相关企业。生产商、经销商、零售商都不同程度地依赖这些企业的支持。假如没有功能型服务企业提供的专业技术支持，整条渠道就失去了生命力。

2. 支持型服务企业

支持型渠道成员也是一种服务商，与功能型渠道成员不同的是，这类服务企业为渠道提供咨询、资金、广告、保险、市场调查之类的专业服务。比如银行等金融机构提供的是资金支持，管理咨询公司提供的是信息情报支持，广告公司提供的是形象传播支持。假如没有这一类渠道成员的支持，企业渠道可能会出现资金困难和推广瓶颈等问题。

供应链理论与渠道管理

营销渠道成员主要就是以上六大类，对应不同市场时还需要具体问题具体分析。渠道不仅仅是一条围绕原料与产品打转的供应链，还是六类渠道成员的排列组合。之所以有人把渠道建设与供应链建设混为一谈，是因为供应链理论对渠道管理的影响极大。

供应链理论大致经过三个发展阶段：物流管理——价值增值链管理——网链管理。

物流管理是供应链理论初期的核心。当时的人们认为供应链不过是企业内部的一个物流过程。公司买进需要的原材料与零部件，再将其加工为产品出售。经营供应链无非是物料的采购、入库、生产、分销。供应链被局限在公司内部环节，与最终消费者缺乏联系。

随着市场经济的发展成熟，消费者权益意识也逐渐上升。企业经营者也发现供应链并不只涉及公司内部业务，最终消费者应该被纳入供应链体系。这样一来，供应链的内涵与外延也大大拓展，已经覆盖了整个产品营销过程。供应链的完善可以为企业增加更多价值，故而也被认为是一条增值链。

互联网时代的到来让供应链脱离了单线条式的传统格局，演变为多线交织的复杂的网链。在这个发展阶段，供应链已经完全突破了单个公司内部，成为打通企业与企业之间界限的重要手段。所有的生产商、经销商、零售商与各种供应商、最终用户之间的联系越来越密切，形成了一个复杂多元的商业生态圈。从这个意义上来看，网链阶段的供应链与现代营销渠道几乎可以重合。

渠道管理不只是供应链管理，但做好供应链是经营好渠道的必要条件。构建企业供应链大致要经过以下四个步骤：

1. **分析公司的内外部环境**

内部环境分析的着眼点是公司现有的供应链情况，把阻碍供应链畅通的因素找出来，设计出合理的解决方案。外部环境分析就是分析产品在市场之后的竞争力。通过分析内外部环境，我们可以清楚地掌握公司对供应链的性能要求。

2. **制定供应链设计方案**

根据第一步的调查结果，企业可以发现自己供应链建设中存在的不足。在充分了解内外部情况的基础上，渠道管理团队可以提出供应链设计的初步方案。越是大企业越要避免急于求成的想法，充分论证初步方案，认真鉴定该方案是否能解决公司供应链目前存在的问题，是否具有可行性。

3. **按规划改造供应链**

先确定企业供应链的设计目标与性能要求，再沿着基本框架逐个建设好供应链的节点。需要注意的方面有：慎重选择供应链的成员，找到可靠的原材料来源，完善生产流程，设计分销网络，做好物流管理，用信息管理系统实现供应链数据化建设。

4. **检验新供应链的运行情况，再做出针对性的调整**

当一个新设计的供应链投入使用时，必然会出现各种各样的实践问题。这需要渠道管理团队及时发现问题并拿出改进方案。通过不断调试来实现供应链系统的优化设计。公司不应妄图一次解决所有的渠道问题，而应当将完善渠道建设视为长期工程。

▶ 要点回顾

1. 营销渠道不只是一条供应链，更是多种渠道成员共同构成的系统。

2. 渠道成员包括基本渠道成员（生产商、经销商、零售商、消费者）和特殊渠道成员（功能型服务企业、支持型服务企业）两大类型。

3. 供应链管理是渠道管理中的重要内容，供应链理论大致经过物流管理、价值增值链管理和网链管理三个发展阶段。

先弄清楚消费者为什么想买

渠道的起点是企业，终点是消费者。相对于明确的起点，渠道的终点头绪繁杂、千变万化。企业只有把起点与终点都研究透了，才能知己知彼，百战不殆。因此，渠道管理者不仅要把握好本公司的情况，还要对最终用户的需求情况有充分的了解。具体而言就是弄清楚消费者为什么想买你的产品。

影响消费决策的五个因素

消费者购买产品的动机多种多样，在做出消费决策时主要受以下五个因素影响：

1. 消费者的性别差异

男性消费者与女性消费者的购物习惯完全不同。比如，买同一款产品时，男性消费者往往一进商场就直奔自己所需商品的货架，基本是走最短路线；女性消费者则不同，她们会先在商场中四处闲逛很久，做不规则运动，然后才绕到所需商品的货架。此外，男性消费者可能更喜欢简约大气的造型，更重视产品的耐用性；女性消费者则偏爱华丽精致的包装，更重视产品设计的美感。选择哪一种性别的消费者作为目标用户，会在很大程度上影响企业渠道终点的设计方向。

2. 消费者的年龄差异

不同年龄段的消费者，需求也大相径庭。中老年人看重产品的实用性、耐用性、易操作性，相对偏爱朴实大方的产品造型。而年轻人喜欢外观设计时尚美观的产品，同时也希望产品性能更先进、功能更齐全。例如智能手机，许多中老年人也学会了用手机上网，以便使用微信等社交工具，但他们需要更大的字体页面显示（视力不好）、更简单的操作方式（记不住复杂的操作步骤）等对中老年人有利的产品特色。所以，针对中老年人的产品与针对年轻人的产品要区别对待。

3. 消费者的文化程度

文化程度直接影响了人们的审美情趣。对于文化程度较低的消费者而言，优雅的产品并不比简单的产品更有吸引力。反之，文化程度较高的消费者往往在产品的细节与品质上更为挑剔。所以，企业在设计产品时要注意考虑目标受众的平均文化程度。渠道建设也是一样，应该根据最终用户的特点来选择他们更熟悉的中间商。

4. 消费者的收入水平

有些消费者是"吃光花光，身体健康"的"月光族"，有些消费者则坚持传统的勤俭节约理念。但无论是哪一种消费者，都不能脱离自己的收入水平做消费决策。经济能力最终决定了消费者的购买能力大小。随着我国居民生活水平的不断提高，消费者们的购买能力越来越强，各种新的消费需求也在不断增长。针对低收入人群的产品与针对高收入人群的产品必然要通过不同的渠道来销售，这点也是构建营销渠道时需要注意的地方。

5. 消费者所处的社会环境

加湿器在降水充沛的南方没有用武之地，自然不受市场欢迎。但在气候干燥的北方，这种产品却很受欢迎。与此同时，电暖器、电热毯等取暖设备在没有暖气的华南地区很受欢迎。而在北方，这些产品就变得可有可无。对于企业而言，渠道不局限于单个城市，而是会扩展到全国各地，甚至海外。只有保护好不同消费者所处的社会环境，企业产品才能顺利通过该地的渠道网点来进入市场。

消费者的心理需求

消费者的购物决策受上述五大因素影响。这些因素都是客观因素，基本划定了消费者的购物需求范围。但消费者的购买行为不只受客观因素影响，主观心理需求也是造成其消费决策千变万化的重要原因。消费者在购买产品时的心理需求主要有以下几种：

1. 重视产品性价比的实惠心理

对消费者最有吸引力的词无疑是"物美价廉"。通常而言，一分钱一分货，贵的东西不一定好，但精品肯定很贵。制作精品需要花费更多成本，所以高品质与低成本永远是矛盾的。假如产品质量过硬且造型美观、有品位，同时又有亲民的价位，那可真是再理想不过了。许多名牌精品搞促销活动，实际价格可能下降不多，但能吸引其目标用户抢购。因为消费者普遍具有追求实惠的心理，巴不得性价比无限提高。所以，企业建设渠道时总会设法压缩中间环节的成本，为产品创造更多的让利空间，这样才便于企业与经销商用更多的优惠活动来制造购物热潮。

2. 强调产品的品位与美感

尽管并非所有消费者都学过美学，尽管每个人的审美观千差万别，但对美感与品位的追求是人类共同的心理。当消费者的经济能力较弱时，可能更重视产品的性能与耐用性，以求把有限的购物经费花在刀刃上。随着经济能力的提升，人们的消费观也会发生变化，他们会越来越重视产品的品位与美感。同样的产品，包装越精美，消费者的购买欲望也越强。

3. 追求产品的便捷性

我们生活在一个快节奏的社会，任何不够方便的事物都会被淘汰。比如，微信支付等移动互联网支付工具兴起后，人们逐渐习惯用微信钱包代替现金来进行消费。原因无他，方便而已。便于携带，操作简单，易于保养维护，这些都是消费者对产品的期望。所以，企业在提高产品的技术含量的同时，也要注意在设计上满足消费者对便捷性的需求。渠道建设也要注意贯彻便捷性原则，让消费者能更方便地从销售网点中买到自己想要的产品。便捷性足够高的话，会大大提升消费者的购物意愿。

4. 只买名牌的炫耀性消费

如今许多品牌产品几乎成为某类人群的代表词。产品不再只提供使用价值，还成为一种身份的象征。比如，女性消费者用世界名牌包包来展现自己的经济实力，而男性消费者则用汽车、高档西装、豪华别墅来构建自己成功人士的形象。大部分人或多或少都带有炫耀性消费心理。在他们看来，能买到某种产品表明自己比其他人更优秀，或者自己不输给其他人。企业在渠道建设中强化品牌形象标识，也是利用了广大消费者这种共同的消费心理。

5. 追求产品的个性化

每个人都有自己的消费偏好。企业设计、生产的产品不可能人见人爱，一部分人喜欢而另一部分人不喜欢才是市场常态。如今市场中的产品种类极大丰富，每一位消费者都会从中挑选符合自己消费偏好的产品，以此突出自己的个性特征。这就要求企业充分做好市场调研工作，把渠道铺设在目标客户群感兴趣的地方。

消费者需求的特征

除了上述五种普遍消费心理外，消费者的购物行为还存在三种特征。

1. 消费者需求具有时代性

消费者需求会根据时代的不同而产生巨大的变化。当一个产品改变了人们的生活习惯时，就会产生各种各样的新需求，从而可能会引发其他相关产品的开发热潮。这又进一步把人们的生活带入了一个新阶段，形成一段时期内的新风尚。所以，企业渠道一定要坚持与时俱进，不要脱离时代的发展进程。

2. 消费者需求具有周期性

每年流行的东西各异，但到后面又会以某种方式回归到此前某年的审美风格，我们把这种螺旋回归的现象称为"复古潮流"。掌握这个周期性，有助于企业营销渠道把握各时期消费者的需求特点，以做出针对性的部署。

3. 消费者需求具有从众性

大部分消费者都会货比三家后再决定是否购买。他们的消费看似深思熟虑，其实有可能是受到了大众选择的影响。很多产品，消费者原本不打算购买，但因为其他人纷纷抢购，于是默认这种产品真的很好，而不会做细致的调查后再决定是否消费。特别是互联网时代，粉丝经济崛起，数量庞大的粉丝把消费者的从众性发挥到了极致。

总之，企业渠道建设者必须从多方面来研究自己的目标消费者群体特点，为构建渠道提供充分的市场行情依据。这样才能让合作伙伴心悦诚服，让企业不走弯路。

▶ 要点回顾

1. 消费者的购物决策受其性别、年龄、文化、收入、所处社会环境五种因素影响。

2. 消费者常见的五种消费心理有追求实惠、追求品位、追求便捷性、炫耀性消费、追求个性化。

3. 消费者购物行为具有时代性、周期性、从众性等特征。

挑选经销商的三次大考

开拓营销渠道最困难的一步就是挑选经销商。优秀的经销商可以让产品销路大开，企业做渠道维护也能省很多力。而糟糕的经销商会导致企业把大量资源和精力浪费在渠道维护上，最终拖垮整个营销渠道。所以，挑选经销商的工作必须慎之又慎，准备阶段花费力气多一点，总好过事后为填补漏洞再费周折。因此，营销渠道开拓团队在挑选经销商时要经历三次大考。

第一场考试：挑选经销商的基本步骤

毫不夸张地说，经销商的效率约等于企业营销渠道的整体效率。企业渠道管理者即便再积极主动，可只要经销商散漫懈怠，整个渠道就会像牛拽马不拽的畜力车一样寸步难行。为此，企业在挑选经销商时一定要遵循以下四个步骤：

首先，企业要普遍撒网，尽可能地搜集更多关于经销商的信息。

当公司决定进入某个市场时，就应该把该市场区域的经销商列出一个名单。情报搜集途径非常多，比如搜索行业信息网、合作伙伴推荐、终端零售店推荐等。企业从大量经销商中分析出可以合作的对象，并继续深入调查其近几年的经营状况。

其次，完成初步筛选后，企业要进一步甄选有合作空间的经销商。

在这个阶段，企业的甄选标准包括：经销商在区域市场中的资源如何，营销管理团队的能力素质是否达标，财务状况是否良好，在业内的口碑如何，等等。此外，有的经销商也许营销实力很强，但未必认同企业文化。这种经销商显然不适合作为渠道成员。只有那些认同企业产品与品牌文化的经销商，才适合做发展对象。

再次，对经销商的综合状况进行全面评估。

在这个阶段，企业要对准备合作的经销商进行更全面的考察。最好能摸清该经销商的发家史、现有的成就、当前的产品构成、公司的管理思想、销售人员的业务水平、货物的配送速度、办公信息化程度等。这些内容更能反映出经销商当前的综合素质。对于那些素质不高、合作潜力不大的商家，企业应当尽早将期排除在备选名单之外，以免被劣质经销商破坏整个渠道的安全性。

最后，企商双方达成协议，进入匹配磨合期。

本阶段的重点是匹配与磨合。很多公司下意识地把某个区域市场中最大最强的经销商当成首选合作对象。这个思路无可厚非，但并不总是有效。因为大经销商经营的产品种类通常都很多。也就是说，对方花在你身上的时间和精力是有限的。而且实力强劲的经销商议价能力更强，更容易用苛刻的条件夺走渠道决策权。这对规模较小的生产企业或新兴企业来说都是不利的。所以，每个公司都应该学会看菜吃饭、量体裁衣，选择与自己规模、实力相匹配且适合经营己方产品的经销商，而不是一味盯着市场中的那个最强者。

第二场考试：挑选经销商的考虑因素

挑选与本公司相匹配的经销商，需要结合以下四个因素来考虑。

一是人的因素，即经销商的管理层情况。

从经销商领导者的素质高低，大体可以看出其发展潜力。讲信用、无不良嗜好、具有现代企业管理理念、认同生产商的文化，这是理想的经销商类型，可以带出一支优秀的管理团队。这种经销商可以为双方共同的长远利益而放弃短期利益，是值得信赖的好伙伴，适合开展长期、全面的合作。但如今许多经销商的领导者素质参差不齐，商业信用与现代管理知识技能都比较欠缺，这就会给企业渠道建设带来一定的隐患。

二是财的因素，即经销商的经济实力。

资金周转状况可以反映出一个企业是否运转良好。资金链的断裂可以摧毁一家百年老店，这也是所有企业运营者都极力避免的事情。如果合作对象是资金雄厚的经销商，相对而言更有利于维护整个营销渠道的良性运转。反之，企业可能会为此承担更多的运营风险。此外，反映企业商业信誉的一个反映指标是不良欠款率。有些企业虽然财大气粗，但它是个经常拖欠合作方债务的"老赖"，这样的经销商万万不可与之合作。

三是网的因素，包括实体销售网点与线上虚拟网络。

经销商的铺货及销售能力主要体现在其经营的网点上。企业渠道管理者要注意考察经销商开设的终端网点覆盖范围，以及对方与消费者、政府、同行企业之间的关系。其实，无论是企业本身还是经销商，都离不开这张大"网"。因为网点分布的密度可以在很大程度上体现渠道的建设水平。企业选择那些经营网点比较成熟的经销商来构建渠道，可以达到事半功倍的效果。

四是物的因素，尤其是经销商的硬件设施情况。

俗话说，"工欲善其事，必先利其器"。对于经销商来说，运输能力与仓储能力至关重要，这决定了其销售能力的上限。拥有多少运货车辆与多大的仓库面积，是企业观察经销商硬件设施的重要指标。此外，办公设备是否齐全、有序，也能反映出经销商的运营状况和管理能力。硬件设施糟糕的经销商显然不适合作为企业的发展对象。

第三场考试：综合评估经销商的实力

企业不仅要在合作前期对经销商进行挑选，在合作过程中也不能忽视对其进行综合评估。通常而言，企业可以用定性评估、定量评估、动态评估三种办法来考察经销商的合作价值。其中，合作前期的评估主要采用定性法，合作过程中的评估主要采用动态法，合作结束后的评估则以定量法为主。

1. 定性评估法

定性评估法比较依赖企业的主观经验，企业通过对经销商的企业文化、既往活动等无法数据化的指标进行考核，从而判断出这个经销商是否值得合作。尽管这种评估方法的主观性较强，但依然不可或缺。

具体而言，定性评估法主要从以下几个方面入手：（1）分析该企业的战略与政策，重点考察其公司政策是否能执行到位；（2）分析该企业在所有的代理产品中把我方产品放在什么样的位置，不重视者即支持能力低下；（3）分析经销商与我方管理人员，其他二、三级分销商以下目标终端之间的关系；（4）分析经销商对市场信息的掌握情况；（5）观察经销商员工在终端网点促销活动中的表现。

2. 定量评估法

定量评估法是用数字指标来衡量经销商的价值，主要考核项目有销售额、回款额、市场占有率等。定量评估法最考验渠道管理者的地方是其是否能够设计出一个合理的KPI指标。这个指标一旦设定好了，就可以很方便地考核出经销商的销售任务完成状况。

这种考核方法可以从以下细目入手：（1）每个经销商在固定周期（月、季度、年）中完成多少销售额，注意要结合经销商的分布区域与渠道层级来看指标达成率；（2）销售终端网点在区域市场的覆盖率与网点数量的增减变化；（3）经销商能否在约定期限内开拓约定数量的销售终端，销售业绩指标与计划相比的情况如何；（4）检查经销商的库存状况，同时还要考核其退换货数量。

需要注意的是，市场占有率、市场覆盖率、铺货率等指标并不是越高越好，需要在此基础上仔细考察销售的质量。而且每个月或每个季度的定量考核还要结合产品的淡季、旺季来调整指标。

3. 动态评估法

动态评估法主要用于评估经销商在运营过程中的变化，同时包含了量化指标与质化指标。

量化指标主要包括产品销售额、回款率、库存量等内容。通过这些方面的考核，企业可以了解到经销商的业绩变化状况，是否存在缺少资金等困难。质化指标主要包括物流配送的速度和准确性、提供市场信息、定期拜访客户、培训专职人员、团队管理状况等内容。

定性、定量、动态评估法缺一不可，应该经常配合使用，这样才能全面深入地了解经销商的真实综合实力，从而确定其是否值得长期合作。

通过这三轮大考，企业应该能选择出最适合自己产品的经销商。企业渠道经理可以根据考核结果把经销商的规模、信用程度、收益水平、发展潜力划为不同的等级，在此基础上灵活调整渠道管理策略。

▶ 要点回顾

1. 挑选经销商大体要经过四个步骤。

2. 挑选经销商需要注意人的因素、财的因素、网的因素和物的因素。

3. 评估经销商的综合实力需要结合定性、定量、动态这三种考核方法。

谁说合作伙伴不用再培训

　　企业和经销商有着不同的企业文化与经营管理模式，所以假如没有一个成熟的协调机制，企商双方就很容易出现配合失当的问题。企业与任何经销商合作都需要经过一个磨合期。就算是那些销售实力强劲的经销商，也要从头开始了解企业的产品品牌与发展策略，否则，企商双方无法保持步调一致。若想让各级经销商与公司遵循共同的理念和规则，对经销商进行培训是最佳的解决办法。

　　培训可以提高经销商的渠道建设水平与销售能力，还能强化企商双方的协作水平。比如，著名的计算机巨头惠普公司专门设立了经销商大学与经销商在线培训课程，以求让经销商获得更多成长。但很多公司对培训经销商要么不重视，变成走走过场，要么不得其法，培训内容无法让经销商们感兴趣。这样一来，企业培训形同虚设，也阻碍了企商的进一步合作。

培训经销商的基本流程

　　每个拓展渠道的公司管理者都应该明白一个道理——世界上没有不

需要培训的经销商。所以，渠道建设者应该把经销商的培训工作当成重要合作项目来做，严格遵循基本的培训流程。

1. 培训需求调研

总的来说，经销商都希望把生意做大，但对行业动态了解得不那么全面，管理制度相对没那么规范。所以，他们希望企业的培训内容能更具备实战性，知识点抓起来就能用，而且简单易学，不用花太多时间就能学会。因此，经销商对合作单位的培训感不感兴趣，取决于培训内容是否能满足他们的需求。这个需求不做调查就不会弄清楚。所以，企业要像做产品的市场调查一样来调查研究经销商的培训需求。

这种调研工作主要从以下途径获取信息：问卷调查、面对面交流、电话拜访、日常工作总结等。问卷调查可以帮助培训人员确定本次课程的讲解重点；面谈或电话交流主要是向经销商提问培训相关话题，以便直接了解其真实想法；总结经销商在日常工作中暴露出来的问题，能让培训课程更加有实战针对性。

2. 选择培训课程的内容

企业培训经销商时主要涉及以下内容：（1）公司品牌文化、发展战略、社会形象、渠道团队等基本信息，以便合作者对公司情况有个基本的了解，初步建立互信机制；（2）各级经销商负责经营的产品信息，产品的市场定位、功效、特色，产品线的铺设状况等；（3）各种商业实用技巧，比如销售技巧、客户关系管理技巧、渠道开拓与管理技巧等；（4）企业与经销商之间的各种合作政策，特别是激励机制；（5）市场动态信息，即企业向经销商讲解整个行业的变化，包括政府政策、各区域市场的成功经验等。

3. 编制经销商培训计划

渠道管理团队要算清楚一年中为培训经销商需要支付多少时间、金钱等成本。需要培训的经销商规模越大、频率越高，制订详细、周密的年度、季度、月度培训计划就越有必要。企业应该结合第一步的调研结果与第二步的课程内容，编制一个具备可行性的培训计划。为了不影响销售工作，企业要注意安排各级经销商在不同时间段上课，这样才能提高效率，降低培训成本。

4. 确定培训的形式

培训形式包括设置业务课程、召开学术研讨会、主动拜访经销商、推广演示、解答信件疑惑、出版内部刊物、举办在线活动等。一般来说，单一的培训形式很难让经销商打起精神，只有将多种方式组合在一起，培训效果才明显。企业要避免单一的照本宣科式培训法，而应把理论与实战结合起来。此外，对经销商的培训可以用跨区域的方式进行，让不同区域的经销商分享自己的情报。培训地点最好选在公司外部，以免受公司其他部门的工作干扰。

5. 选择合适的培训讲师

再好的课程内容，老师讲得不好也是白搭。不少公司不太重视员工培训，总是随便抓几个骨干员工给其他人讲课。这种赶鸭子上架的做法大大影响了培训的水平。给经销商讲课的培训老师可以是熟悉公司一线实战情况的讲师，也可以是从外面聘请的管理咨询专家。培训老师授课时应当注意经销商们参差不齐的理论水平，多讲故事案例，少讲理论，尽量使用本行业、本区域的实例来打动经销商。

6. 根据培训评估效果来改进培训方式

这一步可以用问卷调查的形式，让经销商们对本次培训做出评价。

调查问卷的问题应当包括：培训内容、培训方式、讲师、最感兴趣的课程、工作中的疑问等。企业通过效果评估来进一步弄清楚培训工作有哪些不足之处。

在对经销商进行培训之后，公司渠道管理人员不要以为这样就能万事大吉了。一线销售人员往往通过拜访客户来找出销售工作中的问题，了解最新的市场行情动态，以便调整原有的销售策略。同样道理，渠道管理者也应该时不时拜访各级经销商，甚至与经销商一起拜访客户。这个做法可以让公司更贴近最终消费者与目标市场，掌握更多有价值的信息，不断完善我方与经销商之间的合作方式。

拜访客户的步骤

企业渠道的管理人员与经销商联合拜访客户的活动主要分为四个步骤：

1. 事前准备

在正式拜访前，企业渠道管理人员应该跟经销商进行沟通，协商出需要拜访的客户名单。企业很少与最终客户直接打交道，所以客户的详细资料主要来自于经销商一方。双方在共享情报的基础上，商量出联合拜访的对象、时间、地点、方式，并准备好产品及推广方案等。

2. 明确目标

企商联合拜访客户的目标是什么？这点不明确的话，就无法选择最合理的拜访方式。拜访方式大体可以分为示范式与观察式。前者的目标是解决某个具体问题，后者的目标是提高经销商的工作能力。企业与经销商要根据拜访目标的不同来选择拜访方式，这样才能让拜访活动变得更有针对性。

3. 执行计划

通常而言，以生产企业为主导的拜访活动多采用示范式，通过阐述客户关心的产品服务问题，使客户与经销商加深对企业产品、理念的认识。以经销商为主导的拜访活动则多采用观察式，由经销商与客户进行深入沟通，生产企业则根据双方的交谈情况做必要的补充说明。无论哪种方式，关键都在于发现问题、制定对策。

4. 分析总结

生产企业在拜访结束后，应该及时与经销商一同总结从本次拜访活动中得到的经验教训。特别是与经销商一起找出产品、渠道、销售、推广等方面的不足，在讨论出共识后，提出改进意见。

营销渠道建设是一个需要多方努力的系统工程。这需要企业（生产商）与经销商保持良好而频繁的互动，共享情报、共同定策、共举事业。理想的合作伙伴不是天上掉下来的，而是通过合作与沟通慢慢磨合出来的。为经销商提供足够的培训，是树立双方互信机制、强化彼此协作水平的重要途径。假如忽略这些的话，各个渠道成员可能会因为理念与手段的差异而渐行渐远。

▶ **要点回顾**

1. 为经销商提供合理的培训课程是加强渠道建设的重要手段。

2. 企业与经销商应该联合拜访客户，共同找出营销渠道管理中存在的问题。

最高理想是企商双方一体化

在消费者眼中，经销商和生产企业都代表了产品的形象，假如经销商不遵守市场规则而胡乱作为，就会破坏整个渠道的商业信誉。为了构建符合发展目标的渠道，生产企业必须对经销商进行调整。生产企业与经销商既是合作关系，又存在博弈的一面。唯有通过调整经销商来完善渠道建设，才能找到让彼此相互激励、协调发展的办法。这是一项经常性的工作，经销商销售业绩不佳时要做，销售业绩好的时候也不能放松。

不少企业对这一点缺乏足够的认识。直接负责渠道建设的渠道经理，要么碍于交情而不好意思向经销商提出调整要求，要么害怕调整工作会影响当前销售业绩，于是选择多一事不如少一事的应对方针。这些短视的做法会给渠道留下隐患，让经销商越来越脱离生产企业的掌控范围，导致渠道最终变成一盘不成体系的散沙。

调整经销商的步骤

企商一体化发展已经成为渠道管理的新潮流。传统的企商合作比较粗糙，只是按照协议各干各的，出了问题就把责任往对方身上推，既缺乏调整经销商的意愿，又缺少有效调整的手段。企商一体化发展模式要求企业必须积极调整经销商，将其纳入统一的品牌战略指导。

调整经销商是一项技术活，应当严格遵循以下四个步骤来进行：

1. 找出经销商业绩不佳的症结所在，明确需要调整的目标

经销商的销售业绩没达到渠道设计预期标准的原因是多种多样的。经销商本身实力太弱，不遵守市场秩序，铺设的销售网点与生产企业的需求不匹配，对产品销售的投入力度不大，资金周转不灵，信用等级下降，改变了经营范围，出现违法事件，管理层大换血，等等，这些原因都可能导致经销商完不成渠道任务。需要注意的是，生产企业调查经销商存在的问题是以帮助合作伙伴为目标，而不是以秋后算账为目标。调查结论应该有充分的数据和事实做支持，并与经销商达成共识。没有形成共识的调整，迟早会让经销商和生产企业更加貌合神离。

2. 做好帮助经销商完成调整的各项准备工作

企业对经销商的调整工作并不是以查明原因为终点的，这恰恰只是一个开端。找出原因不代表能解决问题，解决问题还需要足够的条件。调整经销商最忌讳"霸王硬上弓"，那样做不会解决旧问题，只会造成更多新问题。因此，生产企业在做好调整准备之前应当尽量保持销售团队的稳定，避免由于调整而造成大量员工流失的情况。企业要果断下沉管理重心，把销售终端控制住。这样一来，就算大范围调整经销商，只要销售终端保持稳定，产品销量也基本稳定。此外，企业在调整经销商前一定要先在公司内部达成共识，并且在正式行动前对经销商保密。经销商如果事先得到风声，有可能会为了自己的短期利益而阻挠生产企业的调整工作。

3. 选择合适的调整时机与调整幅度

经销商调整工作难免会影响销售情况，所以最佳调整时机主要是一个销售年度结束之时。在上一个年度结束时，生产企业要按惯例总结评估这一年来与经销商的合作状况，并制订出下一个销售年度的计划与目标。假如经销商可以扶持，生产企业就可以在签订新一年的协议之前完成调整工作。假如经销商实在不适合继续合作，那就果断撤换成其他的经销商，同时尽量承接好原先的客户资源与销售网络。为了减少对销售的冲击，生产企业还应该根据不同产品的销售周期来选择最佳时间段，尽量将调整工作放在销售淡季。在此基础上，企业要掌控好物流的时间和速度，把市场存货量降到最低，以减轻调整工作的负担。

4. 选择合理的调整方式

简单粗暴的调整方式，也是阻碍企商一体化发展进程的重要原因。调整方式不合理的话，反而会加重经销商的负担，让企商关系走向恶化。调整经销商主要有以下五种思路：（1）把独家经销或代理改为多家经销或代理，这意味着生产企业要根据各区域市场动态与产品销售周期重新细化经销商的网络、区域以及产品品种；（2）增加同层级的经销商数量，扩大渠道宽度，可以根据行业、区域、产品线等不同标准来吸收新的经销商；（3）当区域市场内的经销商泛滥时，重新设计更加简明的渠道网络，并削减同级经销商的数量；（4）调整经销商的价格、铺货、促销手段、信用额度、激励措施等渠道政策；（5）每年根据考核情况决定经销商的升级或降级，对那些销售业绩进步大的经销商采取提高地位、扩大销售区划、增加产品品种、增加优惠政策等激励措施，反之则采取惩罚措施。

每一次的经销商调整工作，都是对渠道体系的修正。生产企业通过这种方式不断完善整个营销渠道体系，而经销商也需要借此机会实现自身成长。这是渠道各成员自己的深度合作，最要不得的是只管自己不顾伙伴的"本位主义"思想。其实，生产企业与经销商都应该明白，只有企商一体化才是营销渠道建设的最高理想。

企商合作的四个核心要素

生产企业是渠道的起点，位居上游，经销商是渠道的中间环节，位居下游。渠道上下游传递的不仅仅是企业的产品，更是利润与价值。如果想要实现渠道成员的利益最大化，就必须让渠道变得更为畅通，让企商双方的步调保持一致。于是，企商一体化理念在近些年来逐渐被越来越多的生产企业视为渠道管理的大目标。为了加强企商合作，实现共同发展，我们应该重点关注以下四个核心要素：

1. 区域市场

企商双方合作的基础就是建立共同的区域市场数据库。通过大数据分析来弄清该区域的市场容量与竞争激烈程度，从而制订该区域市场的销售计划。生产企业与经销商共享区域市场数据库的情报，明确各自的区域目标责任，以便发挥各自的长处，协作完成目标。

2. 经销商

经销商可以分为普通经销商与核心经销商。后者与前者的主要区别在于，后者掌握着更强的销售网络，销售能力在各级经销商中比较突出，发展潜力也更大。更重要的是，核心经销商与生产企业往往有着相同的理念，在企业品牌推广与管理下游经销商等方面有着普通经销商无法代替的作用。核心经销商的产生其实正是生产企业大力扶持和培训的结果。从某种意义上说，生产企业与核心经销商之间的合作水平决定了整个营销渠道的后劲。

需要指出的是，核心经销商并不完全等同于销售业绩最大的经销商。核心经销商的评选标准有：（1）认同生产企业的品牌文化；（2）在区域市场中拥有良好的资源、人脉、口碑，资金也比较充足；（3）在企商合作期间不会开发同类的竞争产品；（4）管理和销售团队能力比较突出；（5）具有推广同类产品的经验。

3. 终端网络

产品最终是由终端交到消费者手里的，不同产品在不同终端的销售状况差异极大。成熟的分销系统无不具备稳定的终端网络。生产企业必须优先进入优秀的市场终端，这样才能构建终端信息系统，以便指导各级经销商按照企业战略规划来发展。

4. 渠道经理

企商一体化条件下的渠道经理需要更多的才能。生产企业与经销商、重要终端、政府之间的关系主要靠渠道经理来顺通。新时期的渠道经理还要帮经销商创建共同的市场推广方案，让企商渠道变得更加规范化。毫不夸张地说，企商一体化路径中最重要的角色就是负责统筹安排渠道建设各方面内容的渠道经理，调整经销商的主要任务都是由这个角色来完成的。

总体而言，企商一体化的渠道经营模式是以建设终端为中心，以铺设销售网络为重点，以协助经销商重建盈利模式为基础。企业与经销商根据共同的目标、理念、方法来达成共识，建立起长期互信机制。企商一体化后的生产企业不但加大了对下游渠道的控制能力，还能在每个区域市场中培养出一两个专业性更强的核心经销商。这样一来，营销渠道就变得更加浑然一体，企商联动带来的销售增长也就越显著。

▶ 要点回顾

1. 调整经销商是企商一体化的基础工作。

2. 生产企业对经销商的调整有五种基本思路。

3. 企商一体化建设离不开区域市场、经销商、终端网络和渠道经理四个核心要素。

第三章
布局设计——盈利从优化结构开始

　　不合理的渠道结构，会增加企业营销和管理的成本，造成许多不必要的利润损失。所以，设计一个合理的营销渠道是企业渠道经理的首要任务。想要改善渠道管理，不能不先了解当前渠道的状况，做好渠道盘点才能弄清哪些环节需要改进。世界上没有一成不变的最好的渠道结构。对于每个企业而言，最适合的渠道结构才是最好的。我们在设计渠道时应遵循一些最优化标准，无论怎样调整渠道布局都不能脱离这些标准。

渠道盘点与最优化标准

渠道盘点是一种调查统计工作，调查的范围是某个产品所在的指定区域市场，调查的内容包括该区域主要渠道商的产品销量、产品销售结构、目标消费者的结构、主要销售方式、各级销售团队情况、销售网点的分布等。通过这一番细致的统计，渠道管理者就能基本摸清该产品在指定区域的销售状况，并整理出渠道地图。经由渠道盘点而采集的数据，也是调整营销渠道布局结构的主要依据。

需要指出的是，指定区域范围是进行渠道盘点的大前提。不同区域的市场千差万别，假如使用一刀切的考察标准来进行盘点，有可能错判不同区域核心渠道商的实际成果。特别是不同类型城市的渠道商，二、三线城市的渠道销售业绩有可能还不如北京、上海、广州、深圳等大城市的一个片区的销售业绩突出。

因此，渠道盘点必须以细分市场应当为前提。细分市场分两步走：第一步是对比历史销售数据与行业数据，从而估算出目标区域的市场容量；第二步是根据估算结果来划分不同的区域市场级别，每个级别制定相应的渠道盘点标准。

全面盘点是一个费时费力的工程，容易打乱营销渠道的日常运转。而且过于频繁的盘点不仅会增加公司的管理成本，还会制造大量多余的盘点信息，反倒降低了公司高层的决策效率。

通常而言，公司只需要在三种情况下进行全面盘点：

第一，公司准备制定新的渠道战略时，需要全方位采集现有渠道与备选新渠道的相关信息，以便对比新旧渠道在销售能力、覆盖范围、竞争激烈程度上的差异。

第二，公司进入新的区域或细分市场时必须进行全面细致的渠道盘点，这样才能把握新市场的渠道建设方向。

第三，公司意识到当前渠道管理存在问题时可以进行全面盘点，以便于检查整个营销渠道的健康状况。

虽然全面盘点不宜做得太频繁，但企业在关键环节上的渠道盘点应该坚持常态化、周期化、制度化。因为营销渠道一直处于动态发展状态，需要做很多日常维护工作。全面盘点至少一年进行一次，以便把握现有渠道的整体情况。至于局部环节，企业可以根据产品本身的特点与目标市场的淡旺季来制定相应的盘点周期，按月度或季度进行渠道盘点。

渠道盘点的流程

为了避免在盘点过程中出现重复或遗漏，渠道盘点流程应该尽量标准化。具体而言，渠道盘点应该遵循五步流程：

1. **确定盘点目标**

主要是划定需要盘点的区域范围，罗列所有需要盘点的对象，确立相应的盘点指标。在这一步中，渠道管理人员应当尽可能地量化盘点目标，以便所有参与盘点的员工能根据明确的指标进行逐步盘点。

2. 甄别盘点对象

主要是通过对比和研究现有渠道运营状况，圈定本次盘点要调查的区域、范围、类型等。此外，对于那些尚未启用的渠道，也应该制作名单进行对比分析，以甄别出需要做调查的盘点对象。

3. 实地调研渠道

即实地考察各个盘点对象，获得更详细、准确的数据，以便与历史数据进行对比核实。

4. 录入、统计、分析数据

建立好统一的数据库。这一步需要注意输入规范的数据，以确保盘点信息的准确性。

5. 研究渠道改进方案

经过前四步工作后，企业已经完成了初步盘点并更新了渠道数据库的信息。渠道经理一方面要对这些信息进行研究分析，把当前渠道的布局结构与竞争压力弄清楚，另一方面则要分析公司渠道的健康状况，根据渠道地图来改善渠道建设方案。

渠道建设最优化标准

经过五步盘点法，企业可以让每一个渠道调整方案都获得足够的数据支持，让修改方案能做到对症下药。完成这项准备工作后，渠道经理就能设计出更合理的渠道结构。但在此之前，我们应该先明确一下渠道建设的几个最优化标准，这也是渠道布局设计的基本原则。

1. 运营成本最低

降低渠道管理成本也是提高销售利润水平的重要途径。这就要求企业对渠道进行优化设计，把冗余累赘的环节都精简掉。

2. 产品销量最大

渠道最终是为销售产品服务的，只要某个环节还有提升产品销量的潜力，企业就应该进一步挖掘。

3. 品牌名气最响

这个名气指的是知名度与美誉度，后者更为重要，因为美誉度代表着品牌的口碑如何。企业铺设的渠道如果不能让产品品牌打得更响亮，无疑是失败的。

4. 渠道控制能力最强

作为渠道的起点，生产企业必须对渠道保持绝对的控制力，而不能被渠道中的不良现象与恶性冲突牵着鼻子走。当渠道进入不健康状态时，企业必须以强大的控制力进行整改，重塑一条健康的营销渠道。

5. 布货率最高

当企业的产品在区域经销商中的占有率（即布货率）越高时，营销渠道的覆盖范围越广，产品的市场消化速度也越快。

6. 渠道合作效果最佳

渠道不只是一条供应链，而是多方成员深度合作形成的共同体。为了实现销售业绩最大化，渠道成员应该共享数据与成果，在统一的渠道发展战略下行动。各方成员各行其是的渠道注定要被市场所淘汰。

7. 渠道成员冲突最少

不合理的渠道结构会造成经销商、代理商、零售商与生产企业之间的尖锐矛盾。想要从源头上化解这个困境，就必须在设计渠道布局时平衡好各方利益。

在实际操作中，上述七个渠道最优化标准要结合不同的渠道类型来看。

　　比如，设计间接渠道时主要遵循销量最大、成本最低、布货率最高三个标准，设计直接渠道时主要遵循名气最响、控制力最强、合作效果最佳、渠道冲突最少四个标准。集中型渠道的市场覆盖范围有限，销售潜力较小，所以参考的是除了销量最大与布货率最高之外的另外五个标准。选择型渠道对各方面要求都比较均衡，不需要侧重哪个指标。

　　设计密集型渠道时主要参考销量最大、布货率最高、渠道冲突最少三个标准，因为这种渠道的市场覆盖率较好但可控性较差，减少冲突很关键。单元化渠道利于生产企业进行整体管控，考核标准也相对简明，但市场覆盖率存在瓶颈。所以，在设计单元化渠道时不需要考虑销量、布货率、冲突三个"最"指标，主要考虑另外四个方面即可。多元化渠道覆盖了多个细分市场，管理难度比较大。在设计多元化渠道时主要考虑产品销量最大化与布货率最高两个原则。

　　由于区域市场与渠道政策的差异，企业渠道建设不可能同时达到这七个最优化标准。这就需要企业按照一定的周期进行渠道盘点，把握好每个发展阶段中的产品、市场、资金、需求、合作商等状况，选择合适的渠道建设方针，在七个最优化标准中做出合理的取舍。唯有如此，渠道管理人员才能设计出符合公司发展各阶段需要的渠道布局结构，充分发挥出营销渠道的最大价值。

▶ 要点回顾

1. 渠道盘点的五个步骤以及注意事项。

2. 构建营销渠道的七个最优化设计标准。

渠道设计要重在"点"上

渠道设计的影响因素

渠道设计包括设计全新的渠道与改造现有渠道两种基本情况，前者出现的频率一般没有后者高，更多时候只需对当前渠道进行局部改动。渠道设计的最终目的是更好地销售产品，但世界上没有万能的渠道模式，任何行之有效的渠道都是因地制宜和因时制宜的产物。"一切从实际出发"这句名言在渠道管理中可谓真理，任何渠道建设者都要充分考虑公司面对的各种实际情况，否则就无法设计出符合实际要求的渠道结构。我们在设计渠道时应当先认真研究以下情况：

1. 产品特性

不同的产品会对营销造成不同的影响，所以由此产生的营销渠道结构也会存在差异。产品的价格、重量、形状、技术含量、数量、保质期、使用寿命、时尚性、新颖度等特征，都是我们设计渠道时需要考虑的因素。一般来说，价格低廉且数量较大的产品需要更多的分销渠道与更长的渠道路线，这样就能扩大销售范围，降低产品成本。时尚产品的卖点是时髦，潮流一过就不好卖了，所以这类产品往往采取渠道长度最短的直销方式。此外，同一款产品在不同阶段也可以灵活改变渠道。该产品上市之初可用原有营销渠道或厂家直销路径，随着产品影响力的扩大再调整为多渠道和长渠道。

2. 市场动态

最终用户的消费习惯、潜在客户、市场的地域性、产品的季节性、竞争性产品的影响力、销量的大小等市场因素都是渠道设计的重要依据。产品使用者的消费习惯在很大程度上影响着产品销量。产品定价是否超出用户的接受范围、购物环境是否便捷舒适、服务是否人性化等因素都会影响产品使用者的消费决策。潜在客户群体是一个主要利润增长点，企业做渠道设计时应该注意结合他们的特点，增加产品对他们的吸引力。在国际市场集中的地区，企业通常采用较短的渠道结构。销售周期较短的季节性产品则多使用长渠道，发挥批发商的积极性。当市场发生变化时，改变渠道长短也是必须做的工作。

3. 竞争对手情况

想在一个区域市场中构建渠道的不只是你，还有你的竞争对手们。各方的渠道建设注定会成为市场竞争的一个重要环节。想要赢得渠道竞争，企业在设计渠道时就必须盯住竞争对手的动态。在渠道建设过程中，企业应该注意避开对手已经控制住的营销渠道，以免陷入利于对方发挥先发优势的攻坚战。与此同时，企业还要避免与对方使用同样的营销策略。

4. 公司的情况

不同类型的公司对渠道有着不同的认识。比如，外资企业设计的渠道往往根据省份来划分区域，选择20～40家一级经销商来铺设覆盖全省的销售网络。国内企业则往往会在全国设置成百上千家一级经销商。此外，公司的产品组合情况也会影响渠道的宽度、长度和深度。当产品种类及规格型号多时，企业主要选择把产品组合直接销售给零售商的短渠道模式；当产品种类及规格型号少时，企业通常会通过经销商和零售商来向最终消费者转卖产品，即采用长渠道模式。

5. 经营方式

同行业的公司在同一区域，可能采取不同的经营模式，这点也会对渠道结构造成很大影响。有的公司想要控制产品的零售价格，希望自己的发展战略能被很好地贯彻执行。这时候就需要更为直接的渠道，甚至组建自己的营销队伍，选择分销渠道与中间商时也力求保持渠道的精短，这是资金雄厚且管理营销程度高的公司喜欢采用的思路。而那些资金存在明显短板或管理营销经验不足的公司，主要借助批发商和零售商的力量来推销产品。

6. 环境因素

企业在经营渠道的过程中会出现区域发展不平衡的现象。有的区域是经销商一家独大，有的则竞争激烈。在设计渠道时，企业应该注意当地的社会文化环境、经济环境、竞争态势等。以经济环境为例，企业在铺设渠道之前需要了解该地区的经济制度、产业结构、劳动力情况、消费水平等情况。当生产厂商在市场内过于集中且消费者分布范围太广时，企业可以设计长渠道。反之，则应该使用短渠道，以提高销售终端的应变速度。

7. 国家的政策法规

国家新颁布的政策法规也会对市场行情产生重要影响。企业可以通过修改现有渠道结构来提升营销能力，利用国家政策法规为自己创造有利条件。无论渠道怎样调整，企业都应该注意顺应当前政策和法规的要求。尤其是新政策法规出台时，渠道经理要及时关注新风向。否则，营销工作就会受到很多阻力。

8. 新兴技术

互联网经济已经席卷全球，冲击着所有的传统行业。许多企业的传统渠道也被网络营销渠道所颠覆。顺应潮流来重建线上线下一体化的营销渠道，是无数企业转型升级的重要方向。大数据与移动互联网等新兴信息技术为企业的渠道管理提供了许多新工具。企业应该注意利用好各种新技术来改进渠道结构，提高渠道运营效率。

渠道设计的基本流程

弄清上述八个影响因素是渠道建设的重要准备工作。此事不能只丢给渠道经理一人，最好公司高层集体参与讨论。在此基础上，企业可以按照以下流程来设计渠道结构：

1. 分析现状，明确需求

渠道经理要对公司现有营销渠道的各种情况烂熟于心，再仔细分析当前市场环境等因素对产品渠道的影响。通过对比竞争对手的渠道建设情况来认清公司渠道的现状，找出渠道管理中的不足，进而确定现有渠道的改进方向。

2. 锁定目标，明确任务

从根本上说，在什么时间、什么地点、以什么方式把产品传递到最终消费者手中就是渠道建设的目标。渠道目标的制定需要注意遵循明确、可量化、可实现、有具体期限等基本原则。企业通常会根据渠道目标来制定渠道任务。渠道任务主要包括推销、物流、风险承担、渠道支持、产品修正与售后服务六个方面。推销任务即推广新产品或现有产品。物流任务指处理货物的储存、运输、配送。风险程度任务指控制存货融资带来的风险，以便对最终消费者保持较高的信用。渠道支持任务指市场调研信息共享、向合作方提供商业情报、选择和培训经销商员工等。产品修正与售后服务任务主要是调整产品线、处理退换货、提供技术支持等。

3. 确定结构，评估影响因素

任何营销渠道都是由不同的渠道长度、宽度、广度形成的立体结构，具体结构比例要根据产品与市场的差异来调节。这就需要渠道设计者运用定性分析来思考最终消费者到底想要什么（购买多少产品、希望得到怎样的售后服务、运输配送方式等），用定量分析来了解各种服务在最终消费者心中的权重。渠道管理者在设计出新渠道的结构后，要对渠道进行模拟运行分析，再结合前面提到的各种影响因素来评估新渠道能否满足设计要求。常用的评价方法包括投资收益分析法、交易成本分析法、直接定性判断法、重要因素评价法。

4. 优化设计，择机推行

企业在设计新营销渠道时应该舍弃旧思维，根据需求与目标来因地制宜、因时制宜地构建新的渠道结构。在渠道设计过程中应注意结合上述七个最优化指标。此外，推行新渠道方案的时机也要把握好。一般来说，推行新渠道方案的时机有：新产品刚上市时，产品生命周期进入新阶段时，产品引发市场潮流变化时，产品价格政策出现重大调整时，公司渠道政策需要调整时，当前营销渠道发生重大危机时，整个行业格局发生重大变化时，营销渠道管理的重大国家政策出台时。除此之外，企业最好是维持现有渠道，保持渠道结构的长期稳定。

总之，渠道设计是一个复杂而烦琐的过程，需要渠道管理者慎之又慎。在推行新渠道最终方案前，公司应该挑选各方代表开会沟通，以便从多种方案中选择最适合企业发展的最佳方案。

▶ 要点回顾

1. 企业渠道设计需要考虑八种影响因素。
2. 渠道设计主要经过四个阶段。

整合优质资源，先避开这些误区

渠道设计的误区

构建强有力的营销渠道是企业管理的一大难题，而渠道设计又是构建渠道过程中的第一个难关。不少企业因为渠道设计不合理而导致渠道管理复杂化和销售业绩不断下滑。所以，渠道经理在设计公司渠道时，要先避开以下几个思维误区：

误区一：企图抛开所有经销商

随着电子商务的发展，不少企业把中间环节大大减少的网上营销当成了神兵利器。他们不想让经销商、零售商等渠道成员继续"瓜分"销售利润，于是选择成立分公司、直营零售店等方式来减少渠道层级，绕开传统的中间商环节。这个做法看似能节约成本、提高效率，但凡事有利有弊，事事都抓在自己手里也意味着公司将承担起原先分摊给各级经销商、零售商的市场风险。经销商和零售商构成的传统渠道已经在市场上站稳脚跟，运营机制非常成熟。而企业自己新建的"直属营销单位"未必能从传统渠道中抢得多少市场份额。新渠道想要成功打开市场，全面取代传统渠道，失败的风险非常高。企业新增利润能否抵消这个风险，是要打个问号的。

误区二：盲目扩张销售网点

有些人以为每增加一个经销商就能多卖出一批产品，这是个只知其一、不知其二的误解。在某个发展阶段，经销商数量与产品销量的确呈正比关系，但前提是不超过区域市场的容量。市场承受力是有限的，经销商数量超出了市场容量后，产品销量就不会出现明显增长。更糟糕的是，经销商过多会引发渠道冲突。各级经销商为了完成自己的销售指标而到其他渠道成员的片区搞恶性竞争，最终导致企业产品的总体销量不升反降。

误区三：渠道机构太烦琐

通过设置多级渠道来扩大市场覆盖面积，可以增加与最终消费者的接触机会。但这种做法的弊端是需要管理的销售人员数量众多，市场反馈信息需要经过更多环节才能到达决策层，渠道管理成本也高于扁平化渠道结构。因此，这种多级分销渠道主要用于那些消费群体分散的快速消费品。快速消费品需求量大且快进快出，在一定程度上减轻了多层级渠道管理的压力。但其他类型的产品未必适合多级渠道营销，需要具体问题具体分析。

误区四：片面追求提高市场覆盖率

市场覆盖率高不一定是好现象。因为有些中高端产品不适合投放在消费水平较低的区域市场。片面追求提高市场覆盖率，盲目进入不符合产品定位的市场，只会让企业营销渠道背上得不偿失的包袱。当企业高层打算向偏远的三、四线市场进军之前，一定要慎重地想清楚自己的产品是否能打开当地市场，从这些市场中获得的利润是否足以维持当地营销渠道的正常运转。哪怕是世界500强公司也不会轻易向未开发市场伸脚，因为他们深知与其片面提高市场覆盖率不如强化对主要市场的统治力。

误区五：盲目追求与大经销商合作

大经销商本身品牌过硬、资金雄厚、销售能力强悍，的确是个帮助企业迅速打开当地市场的重要助力。但是，这是在企业能控制住大经销商的前提下才能实现的美好愿望。大经销商不只是经营一两个企业的产品，而是同时与多家名牌企业或不出名的企业合作。对于大经销商而言，有实力的合作伙伴会放在第一位，没实力的合作伙伴会排在后面。他们有着强大的渠道控制力，但未必会为你的产品调整自己的步调。因此，小企业很可能在合作过程中被大经销商反制住，无法令其按自己的营销战略开展销售工作。这样一来，本该是渠道主导者的生产企业反而被牵着鼻子走。

误区六：忽视对现有渠道的维护

再完美的制度也会被打折扣的执行弄得千疮百孔。有些企业在设计渠道时精打细磨，但进入运营阶段时就撒手不管，以为整个渠道会自动保持最佳运转状态。事实上，经销商在销售遇到瓶颈时都希望生产企业能加大扶持力度。如果生产企业不重视这一块，经销商就会脱离企业制定的渠道战略来自谋出路，最坏的情况就是投靠企业的主要竞争对手。此外，企业如果疏于管控渠道，市场信息的获取就会过分依赖经销商，从而丧失对市场的判断力。这样也会导致整个营销渠道趋于畸形发展。

误区七：不肯构建长期合作关系

不少企业和经销商都想赚快钱，于是更重视短期营销计划，而缺乏长期发展规划。这对渠道建设是非常不利的。完整的营销渠道是由多个成员共同构成的，只有各方成员建立互信机制，才能长久合作，齐心协力打造良好的营销渠道。没有互惠互利的长远战略做指导，企业与经销商的营销活动就会变得十分短视，难以保持稳定的合作关系。

误区八：重视优惠政策而轻视改进产品

用优惠政策激励经销商是一种常见的渠道管理手段。成功的渠道设计也包括了各式各样的经销商激励措施，主要是一些以让利促进销售的优惠政策。在销售进展不顺时，优惠政策有助于提高经销商的工作积极性，促使他们想办法提高产品销量。但是，有的产品销路差的根源并不是渠道不给力，而是产品本身缺乏打动最终消费者的优势。假如出现这种情况，企业要做的就不是一味增加给经销商的优惠政策，而是改进产品本身。倘若不认清这点，经销商要么会拒绝继续接纳企业的产品，要么会把心思用在赚取企业让利上。不管是哪种情况，到头来都是企业亏本。

渠道设计应遵循的规则

上述八大误区都是企业设计渠道时的常见问题。从根本上说，这些问题都是企业渠道建设者对渠道管理认识不足所致，要么过于冒进，不注意量力而为，要么过于短视，只想着自己占便宜。渠道是企商双方借助对方力量实现共同发展壮大的桥梁。渠道设计的根本目的是整合优质资源，吸收能干的渠道成员，从而强化企业产品在市场上的影响力。所以，企业在进行渠道设计时不应该只考虑自己的短期利益，而应该致力于打造企商一体化的利益共同体。为此，渠道设计者应该遵循以下规则：

（1）渠道要贴近最终消费者，这便于生产企业从目标市场中获取第一手反馈信息。

（2）渠道要能让产品信息覆盖整个市场，只有这样才能增加消费者了解产品的机会，开拓更多的潜在客户资源。

（3）渠道设计应该形成系统而规范的管理制度，让每个渠道环节能井然有序地协同运作。

（4）设计渠道时要以企商共同利益最大化为宗旨，不能片面强调单方利益最大化。

（5）渠道建设应当包含有效的沟通机制。从渠道设计阶段开始，企业和经销商就应该充分沟通、达成共识。而在渠道维护过程中，大家更应该本着友好协商的态度解决每一个暴露出来的问题。

（6）渠道的成本预算应当控制在合理范围内。无论企业采取什么样的渠道模式，都是为了降低管理成本、提高运营效率。如果一个设计周全的渠道增加了运营成本，就失去了革新渠道的意义。

（7）注意确保企业对渠道的控制权。互惠互利是各渠道成员合作的基础，但主动权一定要掌握在企业手中。特别是要提防出现个别经销商打着企业品牌的旗号售卖其他产品的现象。

（8）渠道设计要根据市场形势变化进行调整。市场行情是千变万化的，所以渠道也不是一成不变的。世界上没有最完美的渠道，只有最适合当前市场环境的渠道。企业应当树立因时而变的意识，以免在大环境变化时被不合时宜的旧渠道拖后腿。

▶ 要点回顾

1. 企业渠道设计的八个常见误区。

2. 整合优质资源离不开正确的渠道管理意识。

3. 设计渠道时应当遵循的八个规则。

生命周期对渠道的影响

渠道的生命周期

人类的生产生活都在一定的生命周期框架内。企业、行业、产品以及渠道的发展也同样遵循着生命周期的规律。正如农业生产需要结合春、夏、秋、冬的时令（周期）一样，渠道经理也必须把握好营销渠道在不同生命周期中的特点，运用合理的战略战术实现企业利益最大化。渠道的生命周期一般可以划分为以下五个阶段：

1. 进入期

企业刚进入某个市场不久的阶段就是渠道进入期。此时，营销渠道尚未建设完毕，最重要的工作是吸收更多的渠道成员。所以，企业的主要精力应该放在争取经销商上，通过与经销商们的合作来扩大渠道对最终消费者的覆盖，提升渠道的供货和销售能力。

产品在进入期时名气还没打响，消费者的购买数量不多，消费群体没完全成型，订货交易具有不稳定性。企业与经销商的库存会比较多，利润增长较慢，运营压力较大。这就要求营销渠道必须做到及时交货和避免断货。一旦断货，有限的产品销售利润很难支持偏高的运营成本。

如何摆脱这个起步阶段的发展瓶颈，对企业渠道建设至关重要。

进入期的渠道建设重点是便捷高效、科学布货、控制库存。库存偏低时容易断货，库存偏高时会让企业和经销商面临更大的压力。所以，企业应该根据产品的特点与经销商的实力来设计渠道，让渠道长度更短、渠道覆盖面更广、配送流程更便利。

2. 成长期

当企业渠道挺过了最初的进入期后，就进入了一个发展速度较快的成长期。成长期的渠道基本上已经稳定下来，渠道覆盖面与供货能力都上升了一个层次，经销商与企业的合作也更加默契。本阶段的产品需求处于稳定增长状态，经销商已经能确保不断货，于是会选择最低库存的管理模式。随着市场占有率的提高，企业产品会遇到更多同类产品渠道的竞争。这意味着企业要想办法扩大销售规模，降低产品成本。

所以，企业在渠道成长期要注意五点：一是培养优质经销商，扶持他们做大做强；二是把优秀的经销商发展为一级或二级经销商，构建一个多层级且较为密集的分销体系；三是对市场进行细分，提高渠道的宽度和广度，用多元化渠道向更多细分市场渗透；四是想办法把规模效益发挥到最大化，关键是把物流环节设计好，把物流过程中省下的成本作为企业的第三利润源；五是与分销商共建供应链与物流网络支持系统，并提高终端市场需求信息在渠道中的传播效率，以便生产企业能及时了解市场的最新需求变化。

3. 成熟期

一个目标市场再大，容量也是有上限的。在渠道成长期中高速发展的企业终究会进入增长降速的阶段，这就是企业渠道的成熟期。经过成长期的迅猛扩张，目标市场需求会从供不应求逐渐趋于饱和。这时候的销售网络已经完全稳定下来，经销商与企业合作已经非常深入，企业产品品牌也在目标市场中树立了一定的影响力。渠道的结构相对稳定，产品销售状况也平稳，整个渠道的活力不如前两个阶段。这就要求企业想办法再次激发渠道的活力，以释放更多的销售潜力。

因此，企业在渠道成熟期的工作重心有四点：一是守好现有的销售网点，利用先进的技术来了解各个销售网点的需求量与配送中心的发货量，以求实现对渠道的精准化管理；二是巩固与经销商的合作关系，设法提高核心经销商对渠道的忠诚度，这需要企业为经销商提供更多的服务与优惠政策；三是努力做到全产品的渠道销售，并注意根据不同区域市场的情况提供差异化的渠道服务；四是把服务竞争与价格竞争作为渠道竞争的焦点，重新整合现有的服务体系与价格体系，促进渠道品牌化发展。

4. 衰退期

如今市场上每一天都在不断产生新产品。市场迭代速度越来越快，现在的产品很难像过去那样经久不衰。每个产品都迟早要面对衰退期，围绕该产品而铺设的企业营销渠道同样会由成熟期滑入衰退期。在这个阶段，早已高度饱和的市场对产品的需求量急剧下降，企业与各经销商越来越难以完成销售指标。假如各渠道成员不能联合起来控制好运营成本，设法摆脱产品销售下滑的困境，渠道就会正式步入衰退期。

从商业实践结果来看，企业渠道的生命周期与产品的生命周期基本上是相对应的，特别是在进入期、成长期、成熟期，产品与渠道是相互促进、共同成长的关系。而到了衰退期时，企业为了维系呕心沥血多年建立的营销渠道，可能会舍弃需求已经衰退的旧产品，而选择新产品来取代其在营销渠道中的位置。

　　当然，也有一些企业不愿放弃经营多年的旧产品，积极思考延长旧产品市场寿命的办法。比如，改变原有的市场定位，重新包装旧产品，用更优惠的价格与更多的增值服务来挖掘旧产品最后的市场潜力。不过，这种做法通常只是权宜之计，难以完全让旧产品起死回生。最终，企业营销渠道还是会用新产品来填补旧产品当初的市场地位，通过不断的产品创新来激活整个渠道的生命力。

5. 离开期

　　旧产品潜力完全耗尽而新产品又迟迟打不开市场时，企业就应该考虑放弃这个市场，而营销渠道也随之进入离开期。企业在离开期时会采取大降价促销的形式来赚取最后一点利润，然后淘汰掉那些销售能力弱、管理水平低的经销商，精简渠道结构，只保留少数优秀的渠道成员，以便等待机会重建一条新的营销渠道。到那时，企业渠道又开始了新一轮的生命周期。所以，任何发展状况良好的企业，都会千方百计地避开渠道离开期，尽量从渠道衰退期寻求突围出路。

经营渠道的三种策略

　　上述五个生命周期是所有企业都要面对的市场规律。如果经营策略与每个阶段的特点不匹配，公司就很难发展壮大。为了让企业的渠道建设更加有的放矢，企业通常会根据生命周期的变化采取以下三种对策：

1. 进取型策略

　　在渠道的进入期与成长期，企业需要不断扩张，以占领整个目标市场。所以，这两个阶段的指导方针就是进取型策略。这种策略的核心是快速拓展渠道、扩大渠道覆盖面（包括各个细分市场），并且由单一化渠道向差异化、多元化渠道发展。这一方面要求企业制订合理的渠道建设规划，另一方面则要不断提高对渠道的控制能力。

2. 稳守型策略

当渠道由成长期步入成熟期时，企业应该由进取型策略逐渐转变为稳守型策略。在这个阶段，企业销售网点扩张到了极限，产品销售也进入了巅峰状态，没有继续维持高速增长的余地，再加大投入也是浪费资源。所以，本阶段的渠道战略是加强渠道的稳定性，把考核指标从以数量为重转变为以质量为重。通过强化整个渠道的稳定性来延长成熟期，避免过早进入衰退期。

3. 收缩型策略

当渠道进入衰退期与离开期时，企业应该大胆果断地收缩现有渠道，甚至撤出现有渠道的主营方向。与其把精力用于挽救渠道的衰退，不如用新产品与新理念来逐步给现有渠道换血。当企业找到新的主营产品线并完成营销渠道的新陈代谢后，就会进入新一轮的渠道生命周期循环。

渠道生命周期理论不仅适用于生产企业，其他渠道成员也需要学习与实践。因为整个渠道的生命周期长短在很大程度上取决于渠道全体成员的共同努力。那些在进入期打不开局面、在成长期扩张过快而导致崩盘、在成熟期没能及时未雨绸缪的企业与经销商，都应该吸取经验教训，结合生命周期理论来重整旗鼓。

▶ 要点回顾

1. 企业渠道生命周期分为进入期、成长期、成熟期、衰退期和离开期五个阶段。

2. 企业在不同生命周期的渠道策略主要有进取型策略、稳守型策略和收缩型策略。

组合布局，渠道的力量倍增器

　　合理的渠道布局可以让销售的力量倍增。故而，生产企业在设计渠道结构和制定渠道政策时，都会确保五个基本目标：（1）渠道运作畅通；（2）产品配送及时；（3）货物数量充足；（4）资金回笼及时；（5）运营风险降低。

渠道中的经销商层级

　　从目前来看，许多企业的渠道布局采用的是三级经销商的结构。

　　一级经销商又称总代理商，他们得到了生产企业的直接授权，负责管理与开拓自己代理的区域市场中的二级经销商。一级经销商会大量购进产品，分散生产企业的经营风险，同时还会主动帮助生产企业开拓渠道。所以，发展一个优秀的一级经销商，对企业构建渠道布局框架的意义非常重大。

　　二级经销商也称二级代理商，他们不与生产企业直接产生联系，而是从一级经销商那里获得授权。在整个渠道中，二级经销商扮演着分流的角色，担负了大部分的产品物流配送任务。企业产品能否保持价格稳定、减少运营成本，很大程度上取决于二级经销商的规模与质量。

三级经销商也称三级代理商，直接与消费市场对接，是产品流入各级市场的最终出口。三级经销商是连通渠道与市场的纽带，对市场反馈信息最为灵敏。

这三级经销商的数量与质量对企业的营销渠道布局影响很大。因此，渠道经理应该先把这三级经销商体系梳理清楚，然后再考虑渠道布局的组合方式。

第一步就是确定一级经销商的数量。一级经销商在总业务量中的占比通常要控制在5%以内，所以数量也不必太多。企业需要多少一级经销商做总代理，既要看产品的市场覆盖率，还要结合产品的总体销量来估算。此外，每个区域的发展不平衡，各经销商的销售能力与销售模式也大相径庭。一般来说，企业的一级经销商应该能占得该区域市场的主要份额，至少在短期内不被其他区域代理商比下去。

一级经销商的质量主要指其综合实力。作为生产企业在该地区的总代理，一级经销商应该具备充足的财力维持渠道的正常运营，还要有良好的物流运输条件以便把任务分摊给其他同一层级的经销商。假如一级经销商自己在目标市场内缺乏竞争力，就会让生产企业不得不花更多的成本和精力去维持本区域的运营。

二级经销商的公司规模未必比一级经销商小，但它只是与总代理签订第三方协议的销售单位，在渠道中的级别依然低于一级经销商，被生产企业间接管理。这一类经销商的数量通常是一级经销商的5倍，销量在总业务量中大约占比60%。因为二级经销商广泛覆盖了不同的市场，在生产企业力有不逮的细分区域市场中扮演挑大梁的角色。

与一级经销商不同，二级经销商主要针对一到几种产品。因此，生产企业会选择不同类型的二级经销商，同时还要求二级经销商积极配合一级经销商的渠道管理工作。

三级经销商在营销渠道中的数量最大，分布也最广泛，这也让企业很难全部管理到位。由于这一类经销商只做销售而不参与产品调拨，所以企业更多根据产品的市场终端与发售数量来选择三级经销商。

渠道布局的六种组合

渠道布局指的是企业对渠道的总体规划，根据产品销售量、资源数量、产品品种、销售市场范围、渠道配送及推广功能等因素来安排。目前，国内外企业常用的渠道布局有以下六种组合类型：

1. 销量组合

销量组合的基本原理是所有渠道成员的潜在销量总和大于企业目标销量。生产企业先提出明确的销售目标，然后逐个估算各个渠道经销商可以实现的潜在销量。估算依据是各经销商当前的运营现状、同类品种产品的销售水平、企业对其提供的支持力度，将这些因素综合起来，就能比较准确地估算出每个经销商的潜在销量。然后再把渠道中所有经销商的潜在销量加起来，与企业的销售目标进行对比，只要潜在销量总和高于企业制定的目标即可。

销量组合布局的优点是能确保渠道销售目标得以实现。所有经销商的潜在销量之和大于计划的目标，只要各自发挥出正常的销售水平就能完成。假如某个经销商的潜在销量达不到企业的要求，企业要么从现有的经销商队伍中挖掘潜力，要么另找新的经销商合作。此外，销售组合布局便于企业发现潜在销量最大的几个经销商，从而确定今后的主要合作对象。

2. 品种组合

企业在确定经销商销售的产品品种方向后，根据其主营产品划分不同的产品群。通过这个办法来观察各级营销商主要擅长经营什么品种的产品群，进而把每个产品群交给最善于销售该类产品的经销商负责。这样一来，经销商的能力特长可以实现优化配置，让每个产品群的潜在销量总和大于企业全部产品的目标总销量。

品种组合布局重在发挥不同经销商的自身特色，用最合适的销售网络来推广不同类型品种的产品。这种做法可以扬长避短、分散风险，确保各组目标产品适销对路，还有利于减轻经销商的运营负担。

3. 范围组合

一般来说，200公里是经销商的最大服务范围，因为在这个直接配送半径内可以实现边际效益最大化，超出范围的话，边际效益就会递减。因此，生产企业做渠道布局时会综合考虑各经销商的配送半径及网络覆盖范围大小，把不同服务范围的经销商组合在一起，以求全面覆盖目标区域市场。

范围组合布局的原理是各个经销商的配送区域与客户覆盖范围之和大于企业目标客户范围。这种布局方式有利于提升市场渗透率，不留下空白，还可以有效限定各级经销商的销售范围，以防窜货等跨区域恶性竞争现象的发生。

4. 份额组合

经销商不止售卖一家生产企业的产品，还会售卖该企业竞争对手的产品。你的产品在全部同类产品中占据的比例大小，将决定着市场份额的大小。份额组合布局的原理就是用经销商目标产品的潜在销量除以经销商同类产品的销售量总和，再用这个结果来对比经销商同类产品的平均份额。

通过这种布局方式，企业可以预测到目标产品销量在所有同类产品销量中的比例。假如目标产品的潜在销量低于平均份额，说明经销商没把你的产品当成重点品种来做，企业产品正在被不断边缘化。所以，企业要设法让经销商重视自己的产品，增加销售比重。

5. 功能组合

随着市场经济的不断发展，经销商的功能也越分越细。有以物流配送为主的物流商，有以终端推广为主的终端商，这些不同类型的经销商与生产企业都是营销渠道中不可或缺的重要组成部分。

功能组合布局的原理是让物流商的服务范围大于所有推广商的服务范围的总和。在这种布局中，企业可以把一级经销商定位为物流商，由一级经销商向其他经销商提供物流服务支持，再根据地域、终端、行业等因素划分不同领域的市场，以此为基础建立以二级推广商为主体的二级市场分销体系。这种渠道布局有利于发挥不同类型经销商在功能上的特点。

6. 点线面组合

这里的"点"指的是重点市场，"线"指的是实物流、信息流等各种营销流程的路径，"面"指的是点与线结合而成的渠道框架。点线面组合式布局就是由多个点线组合共同构成企业的营销渠道。

生产企业常用这种布局方式来抢占市场中具有优势区位的要点，嵌入当前竞争格局中的薄弱环节，从而获得市场竞争的主动权，进一步以局部优势蚕食整个目标市场，构建多级营销渠道体系，最终在市场中确立强势地位。

上述几种渠道布局组合方式都是针对企业与市场状况设计的。随着移动互联网的发展，传统的三级经销商渠道结构开始向扁平化结构发展。渠道布局组合也逐渐以拉近生产企业与消费者之间的距离、减少中间商层次为新的发展方向。这也是我们在设计渠道布局时应该注意的地方。

▶ 要点回顾

1. 常规渠道布局中包含了一级经销商、二级经销商和三级经销商。

2. 渠道布局主要有销量组合、品种组合、范围组合、份额组合、功能组合和点线面组合六种类型。

第四章
运营策略——掌控好你的财脉

　　渠道管理中最复杂的内容是渠道运营。渠道不仅是产品传入市场的路径，也是企业的财脉。进一步说，渠道不只是生产商的财脉，也是所有渠道成员共同的财脉。要维持这个共同财脉的良好运转，需要企业与各级经销商在渠道政策上达成共识。

　　渠道各成员只有共同遵守协商的渠道政策与规章，各尽所能、各取所需，共同抵御渠道运营风险，完善渠道建设细节，才能让企业把财脉彻底理顺。

构建企商双方的渠道政策共识

在渠道运营过程中，每个渠道成员都有自己的难处。生产企业觉得自己已经给了许多优惠政策，但经销商的销售力度还是不够大。经销商却抱怨生产企业提供的政策支持太少，产品价格高于竞争对手，没法与之拼价格战。这种相互埋怨的情况在渠道成员中屡见不鲜，大大降低了合作效率。这些问题的根源出在企商双方在渠道政策上缺乏共识。

渠道政策指的是上游企业（如生产商、总代理商等）向各层级经销商提供的激励措施与配套项目组合。所有的经销商都是为了增加销售利润而与生产企业合作的。如果企业提供的渠道政策足够优惠，经销商就会有更高的热情进行销售。从这个意义上讲，渠道政策也是企业管理渠道的重要手段之一。

渠道政策的基本内容

渠道政策主要包括四项内容：供应价格、结款方式、销售奖励、支持措施。

供应价格即进货价格。这是渠道政策中最引人注目的焦点，也是企业与经销商博弈的主战场。经销商巴不得用更低的供应价格进货，以扩大自己的利润空间。企业则不希望随便压缩自己的利润空间，影响自己的收益。因此，设计渠道政策时应该注意寻找供应价格的平衡点，以实现利润与销量的边际效益最大化。

结款方式包括现款现货、售后结款、账期结款三种方式。不同的结款方式虽然给的款额相同，但对企商双方造成的财务压力大不相同。其中，现款现货对经销商的负担相对较大，对生产企业的负担较小。售后结款和账期结款则相反，更利于经销商的资金周转，但会增加生产企业的运营风险。

销售奖励指的是生产企业对完成销售任务的经销商进行的一系列奖励政策。销售奖励也是渠道管理成本之一，意味着企业要让渡一部分销售利润给经销商。但这种激励措施能有效提高经销商的士气，促使其想办法继续扩大销售量。而且，这笔钱本身来自增加的销售额，生产企业的总和收益依然是增加的。只要奖励额度与奖励规则设计得合理，就是企商双赢格局。

支持措施指的是企业为了帮经销商提升销售业绩、开辟市场所提供的各种支持，包括人力、财力、物力、宣传推广等措施。前面提到的生产企业为经销商提供的专业培训课程也属于一种支持措施。

每个企业制定的渠道政策都包含上述四项内容，但具体框架和细则千差万别。哪怕是同一家企业，也会根据经销商的能力与级别差异制定不同的渠道政策。这是由于制定渠道政策需要考虑的因素非常多，各种因素形成的组合效果非常复杂。

一般来说，企业在设计渠道政策时需要考虑以下因素：（1）产品价格；（2）产品知名度；（3）产品质量；（4）企业的发货送货能力；（5）

企业的品牌推广能力；（6）付款方式及其他要求；（7）奖励措施与让利政策；（8）双方协作服务情况；（9）企商高层的私交关系；（10）企业的发展目标；（11）学术、技术及广告宣传支持；（12）订货流程的复杂程度；（13）经销商的决策自主程度；（14）退货及换货的流程与要求；（15）企业支持是否及时；（16）投诉处理机制是否完善；（17）企商双方的商誉口碑；（18）最低订货限额；（19）经销商的素质与能力；（20）企业的资金实力。

无论是哪个行业的企业，在设计渠道政策时都必须仔细审视上述这些因素。这样才能制定合乎实际需要的渠道政策。

怎样达成渠道共识

生产企业是渠道的起点，所以渠道政策主要由生产企业独立完成，但这并不意味着经销商必须全盘接受。与其他类型的商业合作一样，生产企业需要和经销商充分沟通，大家在讨论中找到双方可以接受的平衡点，达成共识后才签订协议。而且，渠道政策在实践中肯定会有细节需要调整，这也要求企商双方积极协调。只有这样才能让经销商更加认可生产企业的渠道政策，对销售产品和维护渠道产生更多的热情。

为了更好地达成渠道共识，企商双方应该注意以下事项：

1. 用文件合同形式明确双方的权利、义务、责任

生产企业应该把自己制定的各项渠道政策都详细写入年度经销协议与客户合同中。经销商若是对渠道政策有不同意见，可以在正式签署合同协议前提出，企商双方围绕争议点进行谈判。按照商业社会的契约精神，在签订契约前怎么谈都行，把问题解决在达成协议之前；一旦签署合同与协议，任何一方就不能以任何理由随意违反契约规定的相关渠道

政策内容。企商双方用白纸黑字明确彼此的权利、义务、责任，既是法治社会的惯例，也能省去无休止的扯皮。

2. 企业渠道管理人员定期与各级经销商进行沟通

一方面，生产企业需要定期检查渠道政策的落实状况与实际效果；另一方面，经销商的合理化建议也需要企业渠道管理人员认真听取。只有定期沟通才能避免企商双方各行其是，让渠道政策沦为一纸空文。企业一方在收集经销商的反馈意见后，还可以根据情况适时调整现有的渠道政策或者签署新的协议，以保证渠道政策的最优化。

3. 严密监督经销商的销售情况

企业对经销商的奖励措施都是基于经销商的销售业绩而进行的。这就需要企业随时关注经销商的销售记录与业绩进度，运用各种评估工具来准确判断经销商对产品销售的实际贡献率。

4. 企商双方共享终端资源与商业数据

这点主要是针对渠道政策中的支持措施。企商一体化是渠道管理的理想境界，要实现这个发展目标，首先要做到企商共享资源与信息。所有渠道成员根据同样的情报来做决策，在统一的战略下运用彼此的终端资源与平台。这样才能把营销渠道成员的合力发挥到最大化，不断向企商一体化的目标靠拢。

上述四点都是对企商双方"共赢"理念的细化。不少企业和经销商的合作意识差，只顾着用渠道政策攫取更多私家利益，而不在乎合作伙伴的死活。殊不知，正是由于抱着这种不健康的短视心理，这些企业和经销商才无法维持渠道的正常运转。要知道，营销渠道是一个有机整体，企商任何一方利益过度受损，都会导致另一方恶性膨胀，最终破坏整个营销渠道的平衡。为了避免这种情况，企商双方必须一致执行已经达成共识的渠道政策，还应该想办法建立长期互信机制。

生产企业与经销商的长期互信机制包括了渠道政策、商务承诺、市场业绩三个要素。

渠道政策不必赘言，是企商双方维护正常业务往来的基本规则。商务承诺则是企商双方在执行渠道政策的过程中表达出来的合作态度。除了口头上的合作意愿与表态之外，生产企业与经销商还需要在价格、回款、产品质量、配送、存储、终端开发、技术及广告支出、营销活动等方面提供书面形式的协议承诺。渠道政策与商务承诺都以市场业绩为基础，市场业绩的好坏决定了商务承诺的可靠性，衡量着渠道政策的合理性。

总之，构建一个健康的渠道离不开企商双方的合作诚意，也需要合理的渠道政策来支持。当经销商与生产企业合作效率下降时，我们可以从渠道政策的条款与执行情况中找到问题所在。所以，企商双方在制定渠道政策时不可以不慎重。

▶ 要点回顾

1. 渠道政策包括供应价格、结款方式、销售奖励、支持措施四个方面的内容。

2. 为了达成渠道共识，企商双方应该在正式签署合同协议前充分讨论政策细则，在达成协议后互相监督、定期沟通。

提高产品的渠道竞争优势

产品、价格、终端是营销渠道的三大脉络。对于广大消费者来说，产品线最能体现企业品牌影响力。对于经销商而言，产品线的经营状况直接关系到销售工作能否正常进行。渠道是为销售产品服务的，怎样把产品打入目标市场，是生产企业和经销商都要考虑的问题。第一步工作就是解决产品定位问题。

影响产品定位的因素

企业做产品定位时需要考虑以下因素：

1. 产品的质量与价格

对于消费者而言，物美价廉是最理想的状态。对于企业而言，质量是产品的生命，价格是利润的来源，能以更低的成本制造质量更好的产品是最理想的状态。但是，俗话说，"一分价钱一分货"，高品质产品必然需要花费更多的工本，所以企业不可能片面强调提高产品的质量，必须在质量与价格之间取得平衡。有些企业的市场受众是"不差钱"的高消费群体，于是产品定位也以质量优先。因为目标消费者能够承担高品质产品的高价格，甚至认为这样才能体现自己的经济实力。很多企业的市场受众消费能力有限，购物时对价格因素考虑较多。这时候走高品质、高价格路线只会让他们望而生畏，应该把产品定位为经济实惠的类型。

2. 产品的个性特色

当代消费者越来越追求个性化，但市场上每次出现一款特色鲜明的个性化产品，就会马上引来一群竞争对手跟风。最终，大量的同质化产品充斥市场，让消费者感到了无兴趣。但正因为产品同质化现象非常普遍，有特色的产品才更容易抓住消费者的眼球。因此，做产品定位时一定要突出其独到的特色，构建一个别出心裁的消费概念，进而树立起便于消费者识别的产品形象。

3. 产品的效用定位

产品功效也是消费者最看重的产品基本属性之一。为了获得某种功效，消费者可能会不惜花更多的钱来购买相关产品。只要产品能提供足够的功效，就能在市场上占据一定的位置。因此，在产品研发阶段，企业就应该设法强化产品的功效，使之产生更多的使用价值。优秀的名牌产品不仅能满足消费者对产品效用的基本要求，还有很多附加价值。产品为消费者提供的附加价值越多，消费者也就越喜欢这款产品。

4. 产品的用户体验定位

有些产品是为特殊的消费群体量身定做的。渠道经理与经销商做产品定位时应该设法向这群目标客户传达这样的信息——我们的产品专为你制造。这样目标明确的产品宣传更容易打动目标客户群，提高产品的用户黏度。

渠道产品定位的基本流程是：（1）分析同类竞争产品的情况；（2）

明确产品的特色；（3）分析产品在现有渠道中的定位状况；（4）完成最终的市场定位。

渠道管理人员不仅要考虑产品本身的定位问题，还应该把产品定位与销售网点的产品展示工作结合起来看。在明确产品的市场定位后，渠道经理要与经销商、零售商进行沟通，向他们介绍更合理的产品展示方式，以此换取他们对产品的支持。在企商各方对产品定位达成共识后，企业需要拨出一部分专用经费来与经销商、零售商合作投放广告，并给予他们其他方面的支持。

塑造产品差异化的手段

总体而言，提高产品的渠道竞争力靠的不是价格血拼，而是塑造产品差异。在这个同质化产品过剩的市场中，产品差异越明显就越便于推广。塑造产品差异化可以从以下四个方面着手：

1. 加大新产品的研发力度

想让产品在质量、式样、造型、功能上有所突破，最根本的途径就是加强研发。许多技术能力突出的公司就是凭借持续开发某个系列产品，形成了一个竞争对手难以超越的品牌产品家族。这个思路的优点是生产企业能凭借多年研发积累的技术获得强大的核心竞争力与品牌优势，甚至可能成为整个行业的产品相关技术标准制定者。但开发新产品需要投入的资金多，技术要求高，研发周期较长，会挤占一部分对营销环节的投入，从而导致产品销量在短期内难以取得快速增长。

2. 根据地理因素重塑产品线

在全球经济联系日益密切的今天，产品的生产、运输、销售、配送往往不在一个地区，甚至是跨国运营。企业可以根据产品生产地与销售地的分布情况来优化渠道产品线。一方面是为了缩短运输流程、减少物流成本，另一方面也可以根据不同地区或国家的文化差异来重新包装同一款产品，以便更好地吸引当地消费者的注意力。

3. 采取促销策略

加强宣传推广、推出新包装、开展各类主体促销活动是塑造产品差异化的常见手段。通过在宣传文案、包装样式、企业形象标识等环节上突出企业的品牌个性来塑造产品的差异特色。

4. 提供更多的增值服务

当代客户有着强烈的消费者主权意识，往往把产品与服务视为一体。在产品同质化的环境下，差异化的增值服务也能让消费者感受到产品的差异化特征。所以，不少生产企业会选择能够提供更多增值服务的经销商，以便让产品更好地吸引目标消费群体。

渠道建设中的品牌使用策略

如何使用品牌是建设渠道产品线的一个重要问题。通常来说，产品和品牌都是生产企业的，中间商花钱进货的同时，也需要生产企业授权使用品牌。此外，有些中间商本身也有品牌，在销售过程中是用生产企业的品牌还是用中间商自己的品牌，同样是个值得讨论的问题。就目前而言，产品统一使用生产企业品牌，统一使用中间商品牌，按照不同的产品特点来使用生产企业或中间商的品牌，这三种情况在市场上都十分多见。

一般来说，生产企业会力求把产品品牌导入整个渠道，根据不同的情况来使用以下几种策略：

1. 所有的产品都使用同一品牌

这种策略的优点是节省品牌的设计、推广等费用，便于新产品使用现有渠道进入市场，可以形成品牌产品家族；缺点是只要品牌家族中有一款产品出问题，其他产品都要受到牵连。

2. 每一种产品采用不同的品牌名称

这种策略的优点是个别产品的失败不会殃及企业的其他品牌产品，而且每一种产品的市场定位明确，利于占据各个细分市场；缺点是资源太分散，头绪太多，对企业管理水平是一个考验。

3. 按产品类别来划分品牌

这种策略的优点是每一类产品品牌互不隶属，非常适合经营多元化产品的企业；缺点是每一个品牌都要单独设计、单独推广，运营成本会大大增加。

4. 在每一款产品名称之前加上企业名称

这种策略的优点是利于企业用积累多年的商业信誉来带动新产品的推广工作，促进渠道中各类产品的销售，也节省了部分广告促销成本；缺点是只要其中一种产品失败就会让企业的整体形象受损。

▶ 要点回顾

1. 打通渠道产品线需要先进行产品定位，设计出合理的产品销售方案，然后把企业品牌导入渠道中。

2. 做产品定位时要考虑产品的质量与价格、个性特色、功能效用、用户体验。

3. 渠道产品线通常有统一采用生产企业的品牌、统一采用经销商的品牌、使用企商双重品牌三种情况。

项目管理，渠道运营的核心

很多企业已经有了详细的渠道管理制度，甚至编写了渠道管理流程手册，但渠道管理团队与经销商未必会严格按照里面的规章流程做事，从而导致营销渠道时不时出现原本可以避免的纰漏。人们通常把这当成是责任心的问题，其实不完全正确。渠道管理团队与各级经销商都希望把营销渠道做大做强，销售更多的产品以赚回更多的利润是彼此的共同目标。但企商双方的工作方式与经营理念毕竟存在天然差异，生产企业很难让各级经销商轻易放弃固有的管理流程，完全按照自己的要求来做。为了改变这种情况，生产企业与经销商可以在日常的渠道管理流程中融入项目管理的办法，把销售业务当成一个个项目来管理。

项目管理的基本原则

项目管理是第二次世界大战后期发展起来的管理技术方法，最初应用于美国曼哈顿计划，在20世纪50年代由我国著名数学家华罗庚引入国内，当时又称统筹法或优选法。

不同行业对项目管理的理解存在差异，但基本原理殊途同归。对于渠道成员而言，项目管理有七项基本原则值得借鉴。这些原则分别是：

1. 以整体优化为根本

从事项目管理的人必须有以全局利益为重的观念。因为一个项目就是一个系统，局部的最优未必能实现整体的最优。这就要求所有参与项目的人不能从自己的"本位"出发看问题，而应该把整体优化作为目标，一切以渠道全局利益为落脚点。这是许多生产企业与经销商在合作过程中最缺乏的意识。

2. 统筹协调各环节

项目管理的难点在于把利益诉求和作风迥异的各方成员整合在一起。渠道各成员的利益分配格局不合理是导致渠道崩盘的主要原因。把各方利益诉求纳入通盘考虑，尽可能地找到让双方都能满意的利益平衡点，是企商双方建立长效合作机制的关键。此外，各方因工作方法差异造成的冲突与利益损失屡见不鲜。这就需要渠道管理者统筹协调好各自的协作方式与发展目标，最大限度地提高整个渠道的运营效率。

3. 推行标准化管理

标准化管理是项目管理的关键。各方成员应当严格遵循同一个技术规范与标准化的管理流程。只有实现了技术、制度、流程等环节的标准化，项目参与者才能实现科学统筹协调，按照最合理的分工协作方式来执行任务。有些生产企业与经销商的协作水平不佳，一个重要原因就是没有共同遵守的技术标准，降低了工作衔接的效率。

4. 注意成本效益的核算

当某个抽象的目标变成一个具体的事业项目后，企业就会清楚地看到这个目标会花掉多少人力、物力、财力、精力和时间，又产生了哪些短期或长期的收益。项目管理促使企商双方注意核算成本与效益，而不是随意地往渠道里投入资源。这样一来，该项目对企业有没有价值，值不值得继续追加投入，就能判断出来了。赚钱的项目继续开发，不赚钱的项目就撤销。

5. 善于借助"外脑"

项目管理会涉及多种专业性很强的环节，而项目团队未必个个都是某方面的专家，这时候就需要果断借助"外脑"——外部专家或专业咨询机构的力量来完善项目中的相关细节。对于这点，许多生产企业和经销商都不以为然，认为自己用土办法进行粗放式管理也能奏效。殊不知随着市场的不断发展，渠道管理工作越来越复杂，对各种专业知识技术的需求也水涨船高。轻视"外脑"的话，营销渠道建设很可能就会落后于竞争对手。

6. 重视风险管控

风险与回报往往是成正比的，大项目的高回报是以高风险为前提的。在营销渠道中，风险被分散到各个成员身上，这使得许多渠道成员的风险管控意识较差。项目管理不同于常规的分销，所有参与者都是一损俱损、一荣俱荣的关系。这对企业与经销商提出了更高的风险管控要求。

7. 流程运作透明化

渠道运营流程不透明是造成生产企业与经销商互不信任的重要原因之一。由于运作过程不透明，双方很难准确把握彼此的情况，既不利于开展合作，又容易引发猜忌。项目管理不仅涉及企业内部人员，还与众多企业外部成员关系密切。透明化的运作流程有利于各方参与者相互监督、建立信任，以确保渠道管理工作的公平公正，奖惩措施与任务分配更加令渠道成员信服。

上述七项原则是做好项目管理的关键，也适用于企业的渠道运营。

项目管理的步骤

通过把渠道运营的各个环节改组成一个个子项目，渠道成员可以在更透明的规则与更规范的标准下进行分工协作，从而提高整个渠道运营的效率。具体的操作办法如下：

第一步：启动项目

在渠道运营流程中选择重要目标进行立项，确定完成目标的时间与条件，成立一个专门负责统筹安排某款产品销售工作的项目组。项目组团队必须有个明确的责任人来挑大梁，成员包括生产企业的渠道管理人员与各级经销商的销售代表等。

第二步：规划项目

首先，项目组要讨论出这个项目的预算、实施步骤、合同条款等基本方向；然后，再根据这些方面分别制定细则。本阶段工作的重点是设计出一个科学合理且具有可行性的项目方案。相关的技术标准、任务指标、协作方式、流程规范等都要在项目规划阶段准备充分，形成完善的书面文件。

第三步：执行项目

本阶段的主要任务是把项目逐级分解成若干个子项目，每个子项目都要有清晰的工作要求与具体的责任人。在项目执行过程中，项目组要明确上下级领导关系，并用规范的任务书来指导各方成员完成自己的子项目建设工作。

第四步：监控执行过程

其实，这一步与执行项目是同步进行的。由于项目组成员能力不足或内外部环境变化等因素，很少有项目组能完全按照规划执行，途中可能会遇到各种各样的波折，导致工作进度被延误。为了避免这种情况的发生，项目组应该设置一名专职监督人员或由最高负责人直接代行监督职能，以确保项目各环节能按时、按质、按量完成。当项目进度受阻或出现偏差时，监督者要及时发现问题所在，大家讨论后再改进原计划，以便解决问题。

第五步：项目收尾

在项目的主体目标完成后，项目组管理者就应该对项目资料档案进行整理，评估项目的施工结果，并完成阶段性项目的交接工作。项目的收尾不一定是项目的完全终结。项目管理者应当借此机会对整个项目执行过程中产生的经验教训进行一次全面的梳理和总结。总结内容不只是谈本次项目的相关事宜，还应该为企业留下相对完善的项目规划模板、技术标准、流程规范、参考文件等实用性资料。这对企业渠道中的其他项目有着重要的指导意义。

综上所述，项目管理方法可以让渠道运营流程变得更为规范、更为合理，使得生产企业与各级经销商能以更加透明高效的方式进行商务合作。从这个意义上来说，项目管理就是渠道运营的核心工作。

▶ 要点回顾

1. 项目管理应当遵守整体优化、统筹协调、标准化管理、核算成本、借助"外脑"、风险管控、流程透明化七项基本原则。

2. 在渠道运营中进行项目管理的五个步骤包括项目的启动、规划、执行、监控和收尾。

最重要的因素是价格体系

　　无论对消费者还是商家，价格因素都是产品交易的关键。每个消费者的心中都有一杆秤，都只想买综合价值高于价格的产品。畅销产品不一定便宜，但在消费者看来是划算的；滞销产品可能很廉价，但在消费者看来没有购买的价值。价格体系是渠道运营中最重要的因素，不仅决定了产品能否被最终消费者接受，还会对整个营销渠道造成或积极或消极的连锁反应。

　　一般情况下，营销渠道有多个层级。生产企业把产品批发给一级经销商，一级经销商再卖给二级经销商，由二级经销商出售给最终消费者。产品每经过一个环节，运营成本就会增加，价格也随之上涨。所以，最终消费者拿到的产品零售价往往比生产企业批发给一级经销商的批发价要高出很多。为了降低成本，有的生产企业减少了渠道层级，直接向零售商甚至最终消费者供货。这样就能在不伤害企业利益的前提下给最终消费者更优惠的价格。

　　从根本上说，渠道利益分配机制是否健全主要取决于价格体系的合理性。尽管零售商的产品售价高于经销商与生产企业，毛利也更高，但实际上的净利润未必更多。因为他们的毛利差额主要用于弥补运营成本等方面。只要产品利差高于运营产品，渠道中间商就愿意销售这款产品。

因此，生产企业在给产品定价时不能只考虑自己的运营成本、市场行情、竞争对手报价，还要考虑各级中间商的利益。换言之，产品的定价是基于所有渠道成员分享的总利润。如果在制定价格体系前不认真考虑经销商的利益需求，企商双方的合作关系迟早会破裂。

所以，一个合理的价格体系要满足三个要求：（1）消费者认可该产品的零售价格；（2）能满足企业自己的生存发展需求；（3）应该给中间商留下合理的利益空间。

只有同时满足上述三个要求才算得上是合理的价格体系。想要做到这点，生产企业在定价时应该遵守以下原则：（1）给予经销商合理的利差；（2）根据各经销商在营销渠道中发挥的作用来给予不同的利差；（3）注意与竞争对手给经销商的利差保持相对平衡状态；（4）注意根据分配规则变化来调整利差；（5）价格结构应当按照经销商与消费者能接受的价格点来制定；（6）不同类型的产品定价需要区别对待。

在遵循这些原则的基础上，我们可以采取三大类型的渠道产品定价法。这三种基本定价法又可以细分为八种具体操作方法，具体情况如下：

第一类：成本导向定价法

成本导向定价法的基本原理是用渠道产品的单位成本加上预期利润。这种定价法因计算简便而在商界普通应用，主要包括成本加成定价法、目标收益定价法、边际贡献定价法和盈亏平衡定价法。

1. 成本加成定价法

计算公式如下：

$$单位产品价格=单位产品成本+单位产品目标利润$$

这种定价方法着眼于单位成本，简化了定价工作，能减少与同行的价格竞争，对销售者与消费者都比较公平。但此法的缺点是不太重视市场需求变化与竞争对手情况，削弱了产品定价的市场竞争功能。成本加成定价法是先估算出大致的产销量来确定产品的单位成本，再加上一定的加成来确定产品售价。这意味着只有在产品销售达到预期目标时，这种定价法才真正有效。但是，产品销量大小往往会因为市场需求与同行竞争而出现复杂变化，产品价格的涨跌也免不了要随行就市。在这点上，成本加成定价法的局限性比较明显。

2. 目标收益定价法

计算公式如下：

$$单位产品价格=总成本×（1+成本利率）÷产品总销量$$

这种定价方法又叫投资收益定价法，生产企业根据渠道产品的生产总成本与目标总销量以及由投资收益率决定的目标利润率来制定产品价格。目标收益定价法的好处是能加强营销渠道管理的计划性，可以较好地完成投资回收目标。但这种方法的操作要求比较高，定价者必须准确测算产品售价与渠道预期销量之间的关系。否则，就算确定了单位产品价格，产品的销售量也难以达到预期。这对经销商的利润没什么影响，但会让生产企业亏损。

3. 边际贡献定价法

计算公式如下：

$$单位产品价格=单位变动成本+单位成品边际贡献$$

边际贡献指的是每多卖出一个产品而增加的总收益。因此，边际贡献定价法又名高于变动成本定价法。这种计算方法只算变动成本，而不计算固定成本，通过预期的边际贡献来补偿固定成本以获取利润。当企业产品必须降价出售时，用边际贡献定价法计算价格较为简便。只要产品价格没降至低于变动成本的水平，就可以继续生产盈利。当售价低于变动成本的临界点时，企业就应该果断停止生产，因为产品生产得越多，公司亏损就越大。

4. 盈亏平衡定价法

计算公式如下：

单位成本价格＝固定总成本÷产品销量+单位变动成本

这种定价法常用于市场不景气或渠道关系不稳定的情况，让企业找到保本经营的底线。盈亏平衡定价法需要定价者已知固定成本与变动成本，并预测出渠道的产品销量，然后计算出产品盈亏的平衡点。不过，产品盈亏平衡点在实际运营中只能作为产品价格的最低限度，因为这个定价只能补偿企业的生产损耗，而没有真正的收益。

第二类：消费者导向定价法

渠道产品定价合不合理，最终要看消费者是否认可。生产企业满意，经销商满意，但消费者不满意，就说明价格体系还是有问题。产品的销量最终取决于市场需求，所以以市场需求变化为导向，也是一种基本的定价思路。因此，消费者导向定价法也被称作需求导向定价法。这种定价法不直接与成本因素相关，而是根据市场需求的变化来调整价格，所以，比较受各级渠道中间商欢迎。消费者导向定价法主要分为理解价值定价法与需求差异定价法。

1. 理解价值定价法

这种定价方法的原理是以广大消费者对产品价值的认知作为定价依据。定价者先要对市场受众进行全面深入的调查研究，摸清消费者对产品价值的理解情况，定下产品的初始价格，然后分析产品的预期销量、目标成本、销售收入，计算出盈利空间，再制定出产品的最终价格。

运用此法的关键在于：（1）准确评估消费者所承认的产品价值，高估则影响销量，低估则损失利润；（2）注意利用非价格因素来影响消费者，这些因素的成本与利润也要计算进去；（3）最后选择一种渠道各方与消费者都能接受的价位。由此可见，理解价值定价法考验的主要是企业对市场行情的了解程度与准确度。

2. 需求差异定价法

企业通常会组建多条分销渠道，各区域的渠道需求存在差异。需求差异定价法就是针对这种情况来制定产品价格，包括以用户差异定价、以销售地点差异定价、以时间差异定价、以产品差异定价、以买卖双方交易条件差异定价等形式。

需求差异定价法的应用非常广泛，但需要注意一些前提条件。假如渠道市场不能根据需求差异来细分，就不宜采用此法定价。而且，在做到差别价格总收入大于单一定价总收入的同时，也要避免价格差别过大引发消费者不满或经销商窜货等负面影响。在满足这些条件的情况下，需求差异定价法最能满足各个分销渠道的需求，利于促进产品销售。

第三类：竞争导向定价法

竞争导向定价法的原理是：企业立足于竞争对手的综合情况（如生

产能力、服务水平、价格体系等）与自身实力，再结合生产成本与市场供求关系来给同类产品定价。这样制定的价格主要与竞争对手的价格体系密切相关。简单地说，就是对手变价则我方变价。竞争导向定价法主要包括随行就市定价法与产品差别定价法两种。

1. 随行就市定价法

随行就市定价法通常有两种操作方式：一是各同行企业根据市场行情变化反复调整，逐渐形成一个行业默认的平均定价水平；二是由某部门或某行业的几家实力最强的企业制定行业基准价格，其他企业根据这个基准线来调整自己的价格。这种定价方法的优点是有利于保持渠道关系稳定，也便于协调企业与其他同行之间的关系，促进全行业的整体发展。

2. 产品差别定价法

这种定价法的关键是把竞争对手主打产品的质量、性能、价格、生产条件、售后服务等因素研究透彻，再对比自身产品的情况来制定高于或低于对方的产品价位。与较为温和的随行就市定价法相比，这种定价方法具有明显的对抗性。假如企业不具备大打价格战的实力，用产品差别定价法反而可能会伤害到营销渠道。

▶ 要点回顾

1. 合理的价格体系能提高全体渠道成员的盈利水平，稳定渠道关系。

2. 产品定价方法主要分为成本导向定价法、消费者导向定价法和竞争导向定价法三大类型。

预防窜货，渠道有责

渠道中的经销商为了提高销售业绩，跑到生产企业划分好的区域以外的市场推销产品，从而导致渠道产品流向脱离了正常秩序。这种恶性竞争行为就叫作窜货，又名倒货、冲货。

常见的窜货现象有：（1）分公司为了达成业绩指标把货物销售给需求量大的兄弟分公司；（2）中间商利用两个地区供求关系的不平衡来低价抛货；（3）中间商为了减少损失而低价倾销即将过期的货物；（4）中间商以次充好来抢占市场份额。

窜货现象会导致企业的价格体系发生混乱，中间商因利润损失而失去对生产企业的信任。与此同时，消费者发现同类产品的地区差价非常悬殊，就会误以为廉价促销的产品都是假冒伪劣产品。最终，企业的品牌形象与商业信誉会受到严重损害，以致整个营销渠道都岌岌可危。

窜货的分类

1. 按照范围不同来划分

按照范围的不同，窜货可以分为市场内部窜货、不同市场之间的窜货、交叉市场的窜货。

市场内部窜货指的是不同的经销商在同一个市场内相互窜货。不同市场之间的窜货指的是两个同等级的总经销商相互窜货，或者企业旗下的不同分公司之间在不同市场中的窜货。交叉市场的窜货指的是不同经销商之间的经销区域发生重叠。

2. 按照性质不同来划分

按照性质的，窜货一般分为自然窜货、恶性窜货、良性窜货三类。

自然窜货不是经销商故意做出的行为，而是在销售区域交界处或物流配送过程中发生的窜货现象。规模较小的自然窜货对企业和其他渠道成员没有太大的威胁，但超过一定规模后同样会产生危害。恶性窜货则是某些经销商为了获取更多利润而故意向其他销售区域市场倾销商品，从而抢夺原本应由其他经销商获得的利润。良性窜货有所不同，主要是经销商因流通性过强所致，但也不排除有意引导的情况。

其中，良性窜货又可以分为市场驱动型窜货、市场开拓型窜货、代管型窜货等类型。

有些经销商的市场能力没能得到充分发挥，于是就主动扩大了自己的产品覆盖范围，以提高销售业绩。这种做法就属于市场驱动型窜货，可以扩大产品知名度与销售量。市场驱动型窜货可以借助合理的竞争机制与利益分配办法来管理协调，实现渠道各成员的多赢格局。

市场开拓型窜货主要是利用产品差价与强大的物流支持把产品迅速转移到目标市场。这种窜货算是经销商为快速占领市场而采取的特殊策略，但这种策略操作难度大，很容易扰乱整个市场的价格体系，最终反噬经销商自身。

代管型窜货是生产企业有目的地进行窜货，主要是为了加强对那些居功自傲的经销商的控制力，通过窜货来破坏原先的市场价格体系，迫使销量下滑的经销商不得不放下架子，重新与生产企业协调工作。

但近些年来也有专家认为，良性窜货的概念应该被淘汰。因为，任何形式的窜货本质上都是非正常的产品流动，都是渠道管理存在缺陷的表现，都会增加渠道管理的复杂程度。所以，那种打着"良性窜货"名义做出的故意窜货行为，迟早会伤害到产品的固有定位与品牌的核心价值，扰乱生产企业对营销渠道的整体规划。哪怕作为快速进入市场的短期战术，也要慎之又慎。没有补救的后续手段，最好不要采取这种方法。

窜货现象产生的原因

窜货现象产生的具体原因很复杂，基本上可以归结为以下几点：

（1）为了利用供货价格与激励措施的差异拿更多回扣；

（2）各销售片区发展不平衡，有的市场尚未发育完全，有的市场则已经饱和；

（3）生产企业给不同经销商的优惠政策差异较大，生产企业误判经销商的销售情况；

（4）生产企业制定的销售指标太高，经销商为了完成指标而抢其他辖区的市场份额；

（5）经销商业绩不佳，生产企业不接受退货，为了消化积压的产品而到市场需求大的辖区销售；

（6）不同区域的经销商因运输成本差异而借机窜货牟利；

（7）经销商为了报复生产企业而换客户或违约，用窜货手段来恶意破坏对方的市场；

（8）被窜货损害利益的经销商发现生产企业无法约束窜货者的行

为,于是破罐子破摔,以窜货对抗窜货。

上述原因都源于两个问题:第一,生产企业给予各辖区经销商的供货价格与激励措施存在差异;第二,生产企业对经销商的销售和运营状况失察,并失去了对渠道的掌控能力。

预防窜货的方法

再完美的法律也无法把犯罪率降低到0,再完美的渠道管理制度也不能100%杜绝窜货现象。企业与其为怎样适度、适当地引导良性窜货行为而绞尽脑汁,不如从根源上预防窜货,加强渠道制度建设与管控力度。

具体而言,渠道管理者可以参考以下方法来预防和整顿窜货现象。

1. 设计一个合理的价格体系

窜货的发生,最主要的根源是各级经销商之间的差价太大。由于市场容量与经销商销售能力的差异,生产企业对不同级别的经销商采取不同的报价是理所当然的。但这个价格差应该控制在合理的范畴,太小就起不到激励优秀经销商的作用,太大就会导致经销商与生产商离心离德。

所以,我们在设计价格体系时应该注意这几点:(1)价差随着渠道层级自上而下逐步递增,越接近销售终端的经销商对差价的要求越高;(2)注意各地区各级别经销商对毛利点的要求,比如一级经销商的毛利点在5%~8%,二级经销商的毛利点在8%~10%;(3)定价时要留心批量差价与回款时间的差异,不能逼着历史销量与当前市场规模不大的经销商完成过高的销售指标;(4)注意根据产品的特性与生命周期来定价。

2. 运用技术手段防止窜货

在过去,产品批号、专用字样、特殊防伪码等都是生产企业用来防止窜货现象发生的常用手段。随着互联网技术的进一步发展，预防窜货的技术比以前更加先进，大大提升了窜货管理的效率。生产企业已经可以给每一件产品打上单一的身份识别编码，就好像每个人的身份证一样。在向各级经销商发货时，生产企业的条码机只要扫描了产品包装箱上的编码后，就能自动向大数据库上传该产品销往地区的记录。每一件产品在市场上销售时，系统都会根据包装上的相关标识进行产品身份查验，从而把产品出货、流通、最终用户等环节的数据都自动记录并上传到生产企业的数据库。这样一来，企业就能很方便地检查出是否有窜货现象发生，特别是自然窜货现象可以从源头上得到遏制。

3. 保持渠道政策的合理性与严密性

渠道政策是各级经销商的行为准则。生产企业主要用年度销售协议与购货合同来约定经销商的销售行为，包括产品的购销价格、负责销售的区域范围、恶意窜货时的处罚等细则。只有渠道政策合理而严密，才能最大限度地避免经销商钻政策的空子来进行恶意窜货。所以，生产企业在制定渠道政策时应该注意以下几点：

第一，在协议合同上注明经销商不得随意改变约定的产品分销价格，也不能以其他形式变相降低分销价格搞恶意倾销。第二，最好采用年终返利和赠品返利之类的激励措施，尽量减少一次性返利与价格直降让利。第三，当二级经销商发生窜货行为时，生产企业要对一级经销总代理追究连带责任。第四，要求各级经销商提供真实而清晰的产品流向。第五，尽量让生产企业直接指定二级经销商的促销政策，而不是通过一级经销商来给二级经销商提供政策。

4. 制定可行的销售目标

生产企业在一般情况下会根据销售指标的高低来制定阶梯式返利政

策。经销商完成的销售业绩越好，返利收益就越高。但有些生产企业制定的销售指标过高，经销商要费九牛二虎之力才能完成，再加上市场行情瞬息万变，更加难以确保任务能顺利完成。于是，经销商得不到很好的返利，甚至不得不把返利计入运营成本里。为了完成销售目标以获得高额返利，一些被逼急了的经销商就会走上恶意窜货的不正当竞争道路。

谁都希望产品销路大开，但销量大小是无法脱离市场客观情况的。所以，生产企业制定的销售目标一定要切合实际，既要能刺激各级经销商拿出干劲，又不能让他们拼老命都完不成。这就要求企业对市场形势有准确的了解，不可给经销商强压不能完成的艰巨任务，不能忽视经销商完成指标的过程与办法，还应该在每年年中对各级经销商的销售指标重新进行系统分析，根据市场行业变化来修改指标。

5. 制定更为规范的促销政策

促销政策包括直接价格让利、赠品、返利、提供促销经费等形式，还可以分为阶段性促销与全年性促销。促销政策对于提升各级经销商的销售积极性是必要的，但有些生产企业与一级经销商只顾短期利益而不考虑长远利益，经常采用一些杀鸡取卵式的促销政策，反而引发了窜货现象。

在制定促销政策中，企业应该避免价格直接让利过大，因为这会造成各区域市场的价格不平衡，导致部分经销商向区域外市场窜货。一级经销商也不能把价格直接放给二级经销商就万事大吉，应该对其销售活动进行必要的管理。因为部分二级经销商并没把心思花在直辖上，而是更关注货物的调拨。此外，促销赠品过多会加大库存压力，也会诱使经销商将其折成价格来抛售。这些情况都应该注意预防。

6. 过程控制与结果控制相结合

一些生产企业对经销商的销售活动只问结果而不问过程，这就会让部分经销商产生钻空子窜货的心态。窜货现象本质上源于营销渠道管理过程中存在的漏洞。所以，加强过程管理才能有效预防窜货。

生产企业可以从以下三个方面着手：首先，制定严格的产品流向管理核查机制，产品流向必须以机打为准并加盖经销商公章，以确保产品流向的真实性，以免各级经销商或业务员造假；其次，发货服务细化到"门对门"，经销商库存管理要纳入生产企业的监控，特别是警惕突然大量采购的二级经销商的库存情况；最后，生产企业要成立独立的窜货核查机构，明确核查标准与流程，建立核查结果通报机制。

7. 加强内部管理，严明奖惩措施

不少窜货现象是生产企业内部人员与部分经销商相互勾结的结果。所以，企业不能只盯着各级经销商，还要加强对内部人员的管理，设立内部处罚机制与内部举报机制。对于窜货的经销商除了使用多种处罚措施外，还应该注意教育和引导。把打击窜货作为员工培训与经销商培训的重要内容，对遵守渠道政策、维护正常市场秩序的经销商给予一定的物质与精神奖励，在年终返利时对没有窜货行为的经销商稍微增加一些返利。打击窜货要内外两手抓，赏罚两手硬，才能取得良好的综合效果。

8. 企商双方应当互相理解，不能针锋相对

企商双方虽是合作关系，但也需要通过博弈来实现利益平衡。但利益分配不平衡时，双方关系就会趋于紧张冲突，互相不信任。窜货行为只会对部分经销商的短期利益有好处，而会对生产企业与其他经销商有很大危害。这种破坏各渠道成员团结的现象，有时候问题出在经销商上，但有时候病根可能是生产企业的不合理渠道政策。这就需要企商双方拿出诚意来，共同研究窜货问题，共同维护互信机制。说到底，打击窜货绝不是生产企业单方面"教训"经销商，而是渠道全体成员维护共同利益的行为。

▶ 要点回顾

1. 窜货通常分为市场内部窜货、不同市场之间的窜货、交叉市场的窜货、自然窜货、恶性窜货、良性窜货等类型。

2. 窜货产生的原因主要是生产企业给各经销商的渠道存在差异，对渠道的掌控不力。

3. 良性窜货本质上也是渠道管理存在漏洞的表现。

4. 预防窜货需要全体渠道成员共同努力，而不是生产企业的单方行为。

第五章
评估要点——成效永远始于绩效

如今我们已经进入了全渠道时代，无论哪种类型的渠道都少不了绩效评估。绩效评估是渠道管理中的一大要点。通过检查渠道政策的执行状况，企业可以找出渠道运营中存在的弊病，然后根据自己的需要来调整渠道结构，重新选择合适的渠道成员。渠道的运营状况、生命力、管理水平等都是渠道绩效评估的重点。

渠道的价值应该这样衡量

渠道管理的一大宗旨就是保持并提升营销渠道的价值。没有价值的产品在市场上无人问津，失去价值的渠道也会成为企业的负担，应当弃之如敝屣。衡量一条营销渠道的价值不是看渠道成员卖出了多少产品，而是从多方面评估渠道运营的效率与效益。

渠道评估的要点

评估渠道价值是一项复杂的工作，需要考虑方方面面，渠道的销售业绩及利润只是其中一部分而已。总体而言，渠道的综合价值可从四个方面进行评估：

1. 有效性

即各级经销商在不同渠道周期都与生产企业保持统一步调，维护渠道的透明、流畅、高效。有效性是渠道最基础的价值，堪称立足之本。

2. 经济性

即各经销商能在合理控制成本的前提下带来更多的业绩。渠道的经济性不光是针对单个经销商的业绩评估，还要注意整个渠道价值链的经济性。通常大家眼中的渠道价值更多指渠道的经济性。

3. 增值性

即渠道对产品品牌价值具有提升能力。渠道也是企业整体品牌的一部分，优秀的渠道经销商有着出色的服务意识与服务能力，从而为渠道品牌增添了许多无形的附加值，更容易受到广大目标客户群的欢迎。

4. 持续性

即渠道经销商能与生产企业保持长期合作、共同发展的稳定关系。一条高价值的渠道必然拥有巨大的渠道升值潜力。

渠道评估的层面

根据上述四个基本点，我们可以用渠道的盈利能力、畅通性、覆盖面三个层面来评估渠道的综合价值。

1. 渠道的盈利能力

盈利能力是对渠道经济性的直观反映，也是生产企业制定渠道政策的主要依据。在评估渠道的盈利能力之前要掌握公司的销售渠道成本。销售渠道成本包括：（1）直接推销成本，含销售员的工资、奖金、差旅费、培训费、公关费及其他费用；（2）促销成本，含广告宣传成本、产品使用说明书印刷费、赠品奖品费用、商品展览会费用、促销人员的工资及其他费用；（3）仓储成本，含租金、维护费、折旧费、保险费、包装费、存货成本及其他费用；（4）运输成本，含运输工具折旧费、维护费、燃料费、牌照税、保险费、货车司机的工资，公司无运输工具时则要增加托运费用；（5）其他成本，含管理人员的工资、办公费用及其他费用。销售渠道成本与产品生产成本对整个渠道的经济效益有直接影响。

在此基础上，我们可以用销售利润率、资产收益率、净资产收益率、资金周转率、存货周转率等指标来衡量渠道的盈利能力，具体计算公式如下：

渠道销售利润率=各渠道成员的税后利润之和÷销售总额×100%

（其中，销售总额是产品最终零售额的总和。）

资产收益率=本期利润÷资产总额×100%

（当资产收益率大于平均负债率时，产品营销渠道的运营更为有效。）

净资产收益率=税后利润÷净资产额×100%

（其中，净资产额是企业总资产扣除各种折旧总额之后的余额。）

资金周转率=产品销售收入÷资产占用额×100%

（该指标用于反映渠道中的现有资金循环次数，周转率越高表明企业的盈利能力越强。）

存货周转率=产品销售成本÷存货平均余额×100%

（其中，存货平均余额通常取年初余额与年末余额的平均数。该指标考核的是渠道存货的流动性，存货周转率越高则盈利能力越强。）

2. 渠道的畅通性

渠道的畅通性考察的是所有渠道成员的配合协作水平，需要注意以下四个方面：

（1）每项渠道职能是否明确分配给相关渠道成员。当营销范围越大时，渠道承担的分销职能就越突出，需要的渠道成员也就越多。每个环节与每项职能的任务都细化到具体的渠道成员，这是保障整个渠道有效分工合作的前提，也是维持渠道有效性与持续性的基础。

（2）渠道各项功能配备的专用资源是否充足。渠道成员因分工不同对专用资源的需求也存在差异。比如，生产企业需要的是制造优良产品的技术设备与熟练技师，零售商的专用资源需求集中在稳定的营业场所与客户群。渠道管理者一方面要根据不同成员承担的功能角色来提供专用资源，另一方面也要审查各方成员是否具备用好这些资源的能力，以免能力不足者拖整个营销渠道的后腿。

（3）渠道的前后环节衔接得是否紧密。营销渠道的整个流程是环环相扣的，无论哪个环节掉链子都会影响整个渠道的畅通性。比如，产品在二级经销商的仓库里长久滞留而迟迟无法进入零售商环节。渠道环节衔接不好的起因很多，根源还是利益与信任冲突导致协作精神匮乏。这在本质上是一种信任危机，需要渠道管理者高度警惕。

（4）渠道成员的合作关系能否保持长期稳定。营销渠道在企商双方合同到期后就江湖不见，表明双方合作关系不够稳定。想要做大做强，离不开持续的投入与稳定的合作，这需要企商双方本着长期互利的立场进行合作，不断巩固渠道关系。

3. 渠道的覆盖面

通常来说，渠道覆盖的市场范围越大，购买企业产品的消费者规模也就越大。所以，营销渠道的覆盖面也是衡量渠道价值的重要因素，具体可从以下四个指标来进行评估：

（1）渠道成员的数量。渠道成员的数量在某种程度上体现了渠道的覆盖面大小。在二级渠道中，生存企业至少有一个批发商与一群零售商，他们所辐射的商圈总和就是该营销渠道的市场覆盖范围。而在三级或多级渠道中，这个覆盖范围会进一步增加。由于整个社会越来越互联网化，未来的营销渠道将趋于扁平化。渠道层级越来越少，而同层级的中间商数量则相对增加。

（2）渠道成员的分布情况。当同一层级的中间商分布较密集时，渠道的市场覆盖范围相对较小。所以，渠道管理者可以让中间商们适当拉开活动半径，以免彼此的销售区域过于重叠，降低了渠道的有效覆盖面，甚至引发窜货等渠道冲突。

（3）渠道终端的商圈范围，即以零售店为中心的周边潜在消费者的分布状况。比如，一家零售店的顾客主要来自周边600米半径范围的居民，那么该零售店的商圈范围就是这600米半径内的圆圈。当然，在现实中，零售店与零售店之间的距离较近，商圈范围很容易出现交叉重叠。渠道管理者在做评估时要注意扣除重复计算的部分。

（4）渠道成员的市场渗透率。简单地说，就是每个渠道成员大概有多少回头客，对自己商圈范围内的消费潜力是否已经挖掘充分。当回头客与潜在消费者的数量越多时，说明企业的营销渠道做得越深，市场覆盖面越大。

渠道评估的方法

除了上述三大层面的评估外，我们还可以运用以下三种方法来简要评估渠道的综合价值。

1. 重置成本法

即按功能把当前资产重置到全新状态，用这些成本减去该项资产实际上的各种贬值，从而计算出渠道的资产价值。计算公式如下：

被评估资产价值＝重置成本－实体性贬值－功能性贬值－经济性贬值

2. 现行市价法

即无形资产评估在市场上的价格。现行市价要求交易双方处于充分竞争的市场环境中，不存在任何垄断与强制行为，均能以足够的实力与充裕的时间来了解市场情报，理智地选择是否交易。通常而言，某项资产的价格高低是由其成本大小所决定的，优质优价是常态，而资产供大于求时会降价，资产供不应求时会涨价。所以，现行市价法评估渠道价值的标准比较难制定。

3. 收益现值法

即用适当的折现率来折现被评估对象的预期收益。这种评估方法把资产作为收益能力进行交易，常用于评估无形资产或有收益企业的整体价值。计算公式如下：

$$收益现值＝资产现值＝预期收益÷适用资产收益率$$

总之，评估渠道价值的方法多种多样，各有优点与不足，适用环境也大相径庭。企业渠道管理人员应当结合自身情况与合作方的特点来选择适合自己的评估办法。

▶ 要点回顾

1. 渠道价值评估要注意渠道的有效性、经济性、增值性、持续性，以及渠道的盈利能力、畅通性和覆盖面。

2. 衡量渠道盈利能力的主要指标有销售利润率、资产收益率、净资产收益率、资金周转率和存货周转率等。

3. 评估渠道综合价值的方法有重置成本法、现行市价法和收益现值法等。

怎样判断渠道的生命力

渠道的生命力决定了渠道成员的销售效果。无论是企业渠道经理还是经销商，都应该时刻掌握营销渠道当前的运营状况。在此基础上，渠道管理者才能制定合理的渠道政策、销售目标和合作计划，改进渠道中不合理、不科学的部分，减少渠道中的冲突纠纷，从而帮助渠道各成员达成预期的销售业绩。

影响渠道运营的因素

为了准确把握渠道运营现状，渠道管理者应该先了解以下影响渠道运营的种种因素。

1. 内部因素

内部因素包括：（1）渠道成员的数量；（2）渠道成员的总体口碑；（3）渠道成员的资金实力；（4）渠道成员的营销能力；（5）渠道成员的合作积极性。这些因素都在渠道之内，故而被称为内部因素。渠道管理者可以通过销售贡献、利润贡献、企商合作默契度、消费者反馈的满意率来观察渠道内部成员的当前状况。

2. 外部因素

外部因素包括：（1）消费者特征；（2）市场需求层次；（3）社会的整体经济状况；（4）科学技术的发展水平；（5）竞争对手带来的压力。这些因素基本不在企业的控制范围内，故而被称为外部因素。

总之，营销渠道运营状况是多种内部因素与外部因素共同作用的结果。假如忽略某些因素的影响，可能会导致渠道生命力进入亚健康状态。

判断渠道生命力的指标

为了检验渠道运营是否达到了健康水平，渠道管理者可以重点考察以下五个指标：

1. 组织管理水平

没有很强的组织管理能力，千头万绪的渠道运营工作就会发生混乱。一条健康的渠道必定是治理得井井有条的。要实现这点，关键还要看渠道管理团队的能力素质。

考察营销渠道管理团队的一项具体指标是有经验的员工在团队中占据的比重。长期从事渠道建设的老员工普遍有着丰富的组织管理经验，善于解决各种渠道中的突发问题。他们的工作经验直接来源于一线业务，具有很强的实用性与可操作性。假如一个管理团队除了渠道主管外都是没有基层经验的新手，必然会让渠道组织管理的执行水平大打折扣。

高学历人才的比例也是衡量管理团队水平的一项重要指标。随着我国市场经济制度的不断完善，公司制度也越来越规范化，渠道管理工作也必然需要更多具有专业知识的高学历人才来做。与此同时，"互联网+"与"工业4.0"等新技术革命正在冲击着传统的渠道管理模式。尽管高学历人才的专业知识并不一定符合新形势的需要，但他们的视野普遍比低学历人群更开阔，学习意识也更浓厚，更容易率先适应未来渠道管理的新变化。

除了团队结构的因素外，可控渠道销售额在销售总额中占据的比重也是体现渠道组织管理水平的一个窗口。特别是面向最终消费者的终端零售商，在销售网络中占据的比例越高说明渠道的销售能力越强。

2. 客户资料的完善程度

想要构建生命力强大的营销渠道，离不开全面、细致的客户资料整理工作。大数据等新兴技术的普及为企业的商业信息搜集工作带来了前所未有的便利。渠道管理者可以借助先进的信息技术来充分完善客户资料，除了最终消费者的用户资料外，各级经销商与零售终端两类客户档案的整理工作也丝毫不能放松。

通常而言，企业掌握的用户资料档案永远比实际使用产品的用户少。尽管谁也不可能百分之百地采集到所有产品使用者的数据信息，但这个努力方向本身不该被否定。假如一个企业的用户资料在用户总量中的比例太低，说明其在挖掘消费者潜力上不够用功。以这种态度经营的营销渠道缺乏发展后劲，生命力有限。反之，当一个企业的用户资料占据产品使用者总量的大多数时，说明其对消费者非常上心，营销渠道的生命力也会水涨船高。

同样道理，企业对各级经销商与零售终端的客户档案整理水平，直接体现了渠道管理者对市场的熟悉程度和对合作伙伴的重视程度。这两类客户档案数量在同类客户总量中的比例越高，说明企业的市场开拓进展越大。如此一来，生产企业可以准确地选择各区域中最符合自己需求的实力派经销商与零售终端进行合作。这样构建出来的营销渠道自然更有生命力。

3. 铺货管理水平

铺货又称铺市，指的是生产企业设法让每个营销渠道或零售终端都有产品可卖。至于使用什么手段则每个公司各有千秋。铺货有利于产品快速上市，进而建立相对稳定的销售网点。所以，企业与经销商经常会联合铺货，以便在短期内快速开辟市场。

铺货是门技术活，目标不宜太大，不能脱离准确的市场调查，不能盲目追求铺货数量而不顾铺货布局的精细度。先在哪个区域市场铺货，然后再到哪个区域市场铺货，都是有章法、有讲究的，不能眉毛胡子一把抓、全面乱撒网。

此外，生产企业还要根据客户档案的信用等级来决定是否进行铺货及铺货数量的多少。通常来说，综合评估信用等级高的客户在所有客户中的比重越高，生产企业可全力合作的对象就越多，铺货管理水平就越高，营销渠道的生命力也就会越强。

4. 渠道成员之间的沟通与培训水平

渠道各成员之间的合作水平在很大程度上表现为沟通水平。假如拥有良好的沟通机制，企业与经销商之间的互动就会比较默契，愿意参加生产企业活动与培训课程的经销商也就会更多。

因此，我们可以从三个指标来判断该渠道的沟通与培训水平。第一个指标是参与培训的各类客户（含经销商、零售商、用户）占客户总数的比例有多少。第二个指标是愿意接受企业VI（即企业VI视觉设计）的各类客户在客户总数中占的比重。第三个指标是经常参加企业发起的各种活动的各类客户在客户总数中占的比重。这三个比例越高，说明该渠道各成员之间的沟通与培训水平越高，合作关系越稳固，营销渠道自然也就越有生命力。

5. 促销活动的组织水平

营销渠道的主要功能就是销售产品，各式各样的促销活动是渠道各成员提高产品销量的主要手段。从促销活动的组织过程与结果中，我们不难辨别出哪些营销渠道是强有力的，哪些营销渠道属于心有余而力不足的情况。

衡量促销活动组织水平的指标主要有两个：一是促销活动持续的天数占全年总天数的比例有多少；二是每投入一万元促销费用可以带动多少销售额。前者主要用来衡量促销活动的频繁程度，比例越高，说明渠道组织促销活动的能力越强；后者则用来反映促销活动对销售业绩的实际影响，数额越高，说明渠道销售的业绩增长越快。如今很多大商家隔三岔五就制造个节日庆祝的由头来发起促销活动，各种购物狂欢节层出不穷，促销活动的频繁程度与拉动的实际销售额都不断创造新高。尽管对部分消费者来说有些喧闹，但这也是营销渠道富有生命力的一种表现。

通过上述五个方面的观察，渠道管理者就可以对某个营销渠道的生命力强弱做出初步判断。根据判断结果的差异，决策者可以选择巩固生命力强的渠道，修复亚健康状态的渠道，舍弃已经烂到根上的渠道，从而让公司的渠道变得更健康，更有生命力。

需要指出的是，渠道运营是一种动态发展的过程，不会自动保持健康水平。这就要求渠道管理者设立渠道健康预警机制，每个局部环节要保持随时监控状态，并且时常对整个营销渠道的生命力做出一个比较完整的综合评估。这项工作不只是生产企业渠道管理团队单方面的任务，各级经销商的渠道负责人也有义务共同参与并维护整个渠道健康的联合行动。毕竟，营销渠道生命力的弱化意味着全体成员即将面临一损俱损的危机。

▶ 要点回顾

1. 影响渠道运营状态的因素有五种外部因素和五种内部因素。

2. 判断渠道的生命力是否健康，可以从组织管理水平、客户资料的完善程度、铺货管理水平、渠道成员之间的沟通与培训水平、促销活动的组织水平五个方向进行评估。

绩效考核，谁都不能少

在今天，全渠道营销成为渠道建设的主要方向，线上线下渠道越发趋于一体化，渠道的组织形态也朝着扁平化的方向发展。这意味着传统渠道需要与时俱进，进行较大幅度的变革。无论是线上线下一体化还是组织结构扁平化，都要求渠道管理者对现有渠道进行精简，保留与强化具有生命力的部分，剔除阻碍整个营销渠道发展的部分。若要实现这个目标，离不开一套比较成熟的渠道绩效考核制度。

企业管理制度规范化的一个重要表现就是拥有健全的绩效考核制度。渠道绩效考核的意义在于：对渠道各成员的工作成效有比较全面客观的认识，为奖勤罚懒、优化渠道结构、调整渠道成员提供依据。

渠道绩效考核的基本步骤

企业渠道绩效考核一般分为以下四个环节：

1. 明确渠道中的评估对象

渠道绩效考核不仅包括单个渠道成员业绩的评估，大到整个渠道系统，小到某个渠道销售人员，都是绩效考核的对象。对待不同的考核对象必须用不同的考核标准，考评的工作量与需要的资源差别也很大。这些差异会把渠道建设带往不同的方向。所以，首先明确本次评估的对象，是进行渠道绩效考核工作的前提。

2. 敲定渠道考核评估的内容

渠道绩效考核涉及多方面内容，面面俱到的考核评估费时费力，不适合经常施行。但渠道绩效考核又应该常态化与制度化。运用不同的考核内容来评估同一考核对象，往往会产生不一样的结果。为了让考核工作更加细致准确，渠道管理者应当事先确定考核的方向与内容范围，以便有针对性地进行评估。

3. 选择合理的渠道考绩方法

根据不同的考核内容，渠道管理者应当运用不同的方法来评估被考核对象。合理的渠道绩效考核方法能帮企业正确认识当前渠道的状况，给出更符合客观实际的评估结论。因此，企业首先要把总体经营目标分解为具体的销售目标，然后再设立考核指标。选择渠道考绩方法时，应注意有效性、实用性、经济性、易操作性等原则。

4. 根据评估结果来改进不足

渠道绩效考核最终是为改善渠道管理而服务的，所以绩效评估不光是整理一大堆数字，还要对考核内容进行汇总分析，发现问题后尽快制定出相应的解决办法。到这一步时，一次完整的渠道绩效考核工作才算圆满落幕。

渠道考核对象和考核方法

在这里，我们把渠道绩效考核对象分为渠道整体、中间商、渠道销售人员三个层次。

1. 渠道整体的绩效考核

评估渠道整体的绩效是从宏观角度来分析整个渠道当前的发展水平，主要从效率、效果、公平三个角度进行分析。

渠道效率主要是指营销渠道用多少成本来为消费者提供多少服务。销售服务成本越低，提供的服务越多，渠道的效率就越高，反之则越低。渠道效率主要由生产率与盈利能力两个方面来体现。其中，生产率包括资源利用率与产出效率。盈利能力是考核渠道成员的财务能力的综合指标，包括投资回报、流动性、业绩增长模式、利润增长潜力等。

渠道效果主要是指营销渠道合理利用资源所达成的效果。反映渠道效果的常用指标有交货效果与激励效果。交货效果是短期目标导向的考核标准，用于考核渠道成员满足最终消费者服务需求的能力。激励效果是长期目标导向的考核标准，用于考核渠道成员对消费者潜在需求的激发能力。

渠道公平主要是指各渠道成员都拥有同等机会与同等资源进入当前的营销渠道。渠道公平的考核针对的是营销渠道为各种细分市场提供服务的情况，比如渠道成员对偏远地区消费者的服务水平。

这是从社会层面对渠道整体的绩效进行考核。从企业层面来考核渠道整体的绩效时，主要是看渠道的组织管理水平、运营状况、服务质量、经济效益等方面。根据不同的评价标准，渠道整体的绩效考核可以采用以下九种方法：

（1）独立绩效评价法，即用一到几项指标对某个渠道成员进行单独考核。

（2）非正式的多重标准评价法，即渠道管理者根据个人经验将各类标准综合起来进行考核。

（3）正式的多重标准评价法，即先给各渠道成员的各项绩效打分，再通过加权计算得出最终结果。

（4）客户满意度评价法，主要看渠道成员给客户的有形利益有多少和客户对企业的信任度与亲密度。

（5）渠道价值评价法，即综合评价渠道或单个渠道成员的当前收益与发展潜力。

（6）运营状况评价法，主要考察渠道的畅通性、覆盖率、冲突管理水平等。

（7）财务绩效评价法，主要考核渠道的销售数据、占有率、投入费用、盈利状况、资产管理效率。

（8）历史比较法，即对比渠道或渠道成员本周期销量与前一周期销量的差异。

（9）区域比较法，即将各渠道成员的绩效与其所在区域的销售潜力做对比分析。

2. 渠道中间商的绩效考核

中间商作为营销渠道的主要环节，对渠道整体绩效有着至关重要的影响。生产企业不仅要在选择中间商时再三权衡，还应该加强对中间商的绩效考核。绩效考核结果是企业决策的重要依据，直接与中间商的信用等级评定、渠道奖励措施以及合同是否续签等挂钩。所以，渠道管理者要定期考核中间商并公布结果，按照考核情况来严明奖惩。

中间商绩效考核办法可以分为定量考核与定性考核两类。其中，定量考核包含了以下七个指标：

（1）销售增长率在理想状态下，优秀中间商的销售额在每个月或每个季度都有较大增长。实际情况没有那么一帆风顺，可能年度销售额在增长，但各月份的业绩波动较大。所以，渠道管理者要注意具体问题具体分析，结合市场整体的增长水平与公司所有产品销售额的评价增长水平来判断销售增长是否正常。

（2）销售额比率。这个指标用于考核生产企业产品的销售额在经销商销售总额中占的比例。假如企业销售业绩增长，但占经销商销售总额的比例很低，说明企业应当加强对经销商的管控。

（3）费用比率。这个指标可以反映出销售业绩增长是否为实际增长。有些经销商的销售业绩增长很快，但销售费用增长更快，实际上等于没有增长。

（4）铺货率。这个指标主要用于产品初入市场的第一年。铺货率太低会影响销售，但太高也脱离实际，应该结合产品特性与市场战略来制定。

（5）贷款回收状况。这是渠道管理中十分关键的一环。有些经销商在账面上的销售业绩很高，但迟迟收不回货款，可能会招致不确定的风险。

（6）产品库存情况。中间商产品库存积压过多说明经销商无法胜任销售工作。但库存经常缺货则说明中间商对生产企业的产品缺乏销售热情。

（7）退货率。生产企业通常会允许经销商一定程度的退货，但这种现象无疑越少越好。此外，不合格产品、运输途中或经销商损坏的产品不应计入退货数量中。

定性考核也有七个指标：

（1）中间商是否均衡销售企业提供的不同类型产品。

（2）中间商是否严格按照协议执行生产企业指定的价格政策（含零

售价、批发价、出厂价等）。

（3）中间商是否存在窜货行为。

（4）中间商在店面的产品陈列状况是否有利于促销。

（5）中间商是否积极支持和参与生产企业发起的各种促销活动。

（6）中间商是否按照协议及时向生产企业反馈相关商业信息。

（7）中间商对生产企业的评价与期望如何。

3. 渠道销售人员的绩效考核

相对于渠道合作商，渠道销售人员的流动性较大，考核工作也更为复杂。与中间商的绩效考核思路类似，渠道管理者对销售人员的考核也分为定量考核与定性考核两类。

定量考核指标及计算公式如下：

$$洽谈率 = 洽谈次数 \div 访问次数 \times 100\%$$

（用于评估商务洽谈成功率。）

$$订货率 = 订货次数 \div 洽谈次数 \times 100\%$$

（用于评估订货成功率。）

$$平均销售金额 = 订货金额 \div 订货次数 \times 100\%$$

（用于评估推销产品批量与消费者规模。）

$$平均销售费用 = 经费总支出 \div 推销次数 \times 100\%$$

（用于评估销售人员的推销成本。）

$$新客户开拓率 = 新客户订货额 \div 总订货额 \times 100\%$$

（用于评估销售人员的市场开拓能力。）

$$计划完成率 = 实际推销量 \div 计划推销量 \times 100\%$$

（用于评估销售人员的业绩目标完成水平。）

$$个人贡献率 = 某个销售人员销售额 \div 整个部门的总销售额 \times 100\%$$

（用于评估每个销售人员对企业的贡献大小。）

$$贷款回收率 = 回收额 \div 推销额 \times 100\%$$

（用于评估销售人员催收货款的能力。）

定性考核指标包括五个方面：

（1）销售人员的专业知识水平，即对业务知识掌握是否熟练。

（2）销售人员的客户服务水平，即与客户的关系如何。

（3）销售人员的自我管理能力，如是否遵守纪律。

（4）销售人员制作文件报告的质量与及时性。

（5）销售人员平时的工作态度与团队合作意识等。

结合定量考核与定性考核两个方面，渠道管理员可以选择以下五种方法来考核销售人员的绩效：

（1）目标考核法，即根据渠道销售人员对任务目标的完成情况进行考核。

（2）等级考评法，先把渠道销售人员的工作内容分为几个模块，每个模块按照优秀、良好、合格、不合格或A、B、C、D来打分。

（3）小组考评法，由至少两位渠道主管组成考评小组对该员工进行考评。

（4）序列比较法，把相同职务的全部渠道销售人员放在同一个模块中进行比较，按照成绩优劣排序。

（5）相对比较法，将任意两位渠道销售人员进行综合对比，成绩较好者得1分，成绩较弱者得0分，再把所有人（通常为5～50人规模）通过两两比较后的得分相加得出总成绩，按照总成绩来评估优劣。

▶ 要点回顾

1. 企业渠道绩效考核一般分为明确渠道中的评估对象、敲定渠道考核评估的内容、选择合理的渠道考绩方法、根据评估结果来改进不足四个步骤。

2. 常用的渠道整体绩效评估方法有独立绩效评价法、非正式的多重标准评价法、正式的多重标准评价法、客户满意度评价法、渠道价值评价法、运营状况评价法、财务绩效评价法、历史比较法、区域比较法。

3. 对中间商的绩效考核包括定量考核与定性考核两个方面。

4. 对渠道销售人员的常用绩效考核方法有目标考核法、等级考评法、小组考评法、序列比较法、相对比较法。

客户满意度是做渠道的重心

只盯着产品销量而不顾其他情况是一种短视的表现。产品卖得多不代表企业的口碑一定就好。很多商家都呼吁给客户提供良好的用户体验，让他们爱上自己的产品与服务，自发成为口碑营销的传播者。说到底，改良用户体验是为了提高客户满意度。这不仅是企业打造品牌信誉的重要手段，也是营销渠道管理工作的一大重心。

这里所指的客户包括终端客户与渠道客户两个基本类型。终端客户就是产品或服务的最终消费者，渠道客户就是与生产企业共建营销渠道的各级经销商。这两类客户对营销渠道的满意度，决定了整个渠道的总体运行质量。

客户满意度不同于销售业绩，是一种主观心理感受，故而难以完全用数字来表现。

无论是终端客户还是渠道客户，都只有在判定产品或服务的实际价值高于自己的预期值时才会感到较为满意，否则就会感到不满意。这个主观感受会影响终端客户将来的购买行为，而那些以消费者导向制定渠道战略的企业也会受影响。渠道客户也是根据满意程度来决定是继续与生产企业合作，还是投向该企业的竞争对手的怀抱。因此，提升两类客户满意度的关键依然在于生产企业的产品与服务水平。

尽管客户满意度是无形的，却又能变现为实实在在的巨大价值。

通常而言，客户满意度可以为企业带来更高的客户忠诚度，而高忠诚度的客户往往也愿意支付更高的价格来获取更好的服务和产品。稳定的忠实客户群体是任何企业的主要财源，也是渠道建设要达成的目标。

影响客户满意度的因素

客户满意度的形成主要受两方面因素的影响——认知因素与情感因素。根据国外专家的研究，客户满意度形成早期阶段最重要的影响因素是情感。在这个阶段，客户对相关产品或服务的了解很少，难以形成全面深刻的理性认识，更多是凭借某种情感来做消费决策。比如，某些打着"怀旧"或"情怀"旗号的产品，就是利用广大消费者的情感因素来提升品牌价值。不过，随着消费者对产品或服务了解的深入，情感因素对满意度的影响趋于下降，认知因素的影响则不断增强。当消费者重复感受用户体验到一定程度时，就会形成相对固定的客户满意度。假如每次用户体验不能稳定在同一水平线上，消费者的客户满意度就会迅速下降，对产品或服务产生不信任感。

由此可见，客户满意度的形成是一个动态过程，企业对消费者满意度的判断充满了不确定性。单次消费的用户体验只能反映消费者在短期内的满意度，不足以判断其长期满意度。用户体验的一致性对客户满意度的形成有着举足轻重的影响。所以，渠道管理者应该从动态的时间变化中观察认知因素与情感因素对消费者满意度的影响，以便提高产品质量服务水平。

客户满意度的评估模型

在了解了客户满意度的形成机制后，我们可以初步构建一个客户满意度评估模型。这个评估模型主要由以下六个部分组成：

1. 感知价值

感知价值对客户满意度的影响最为直接。客户从主观角度权衡消费决策利弊后形成的价值判断就是客户价值，里面包含了对"得"与"失"的感知。产品的使用价值、服务舒适度、相关技术支持等收益都是客户对"得"的感知。而购买产品的价格、物流配送成本、设备安装成本、订单处理成本、产品维修成本以及产品失灵或服务不佳等风险都是客户对"失"的感知。只要让终端客户与渠道客户认为"得"大于"失"，就能产生积极的感知价值，形成对企业和营销渠道更有利的格局。

2. 感知质量

感知质量也是一个影响客户满意度的主要因素。除了产品本身的质量外，服务质量对客户的满意度几乎起着决定性作用。因为感知质量的好坏左右着客户对感知价值的判断。

有学者把服务质量分为服务互动质量、服务结果质量、服务环境质量三类。研究结果表明，服务互动质量与服务结果质量对客户满意度的影响效果非常明显，服务环境质量的影响力主要不体现在现有客户身上，但对潜在客户的影响效果十分显著。

此外，企业渠道的服务补救能力对感知质量的影响也很深远。服务补救是在服务发生失误后做出的补救措施。服务失误必然会让客户的感知质量大打折扣，而服务补救可以把客户对企业、员工的不满降到最低限度。虽然服务补救是一种事后行为，但这种措施能够修复和缓解服务过程中的不当行为，尽可能地消除对客户满意度造成的负面影响，从而增加客户的感知质量。

3. 客户期望

客户期望指的是客户在实际接触产品或服务之前所形成的主观期望。这个主观期望可能很高也可能很低，在客户真正使用产品或服务之后会变成一个对比标杆。客户对产品或服务的感知价值与感知质量是一个相对客观的认识，与主观期望或多或少存在差异。通常而言，客户期望高于感知价值和感知质量时，客户就会对产品或服务感到失望。在满意度下降的时候，客户往往会发表比产品或服务实际价值更低的主观评价。反之，感知价值与感知质量超过客户期望时，喜出望外的客户可能会给出比产品或服务实际价值更高的主观评价。

4. 总体客户满意度

总体客户满意度反映的是终端客户或渠道客户对营销渠道的满意程度。这个满意度并不是一种简单形成的主观感受，而是在感知价值、感知质量、客户期望等要素共同影响下产生的评估结果。对于生产企业来说，总体客户满意度越高越好。而且渠道客户（各级经销商）的满意度和终端客户（最终消费者）的满意度同样重要。渠道客户满意度下降到一定程度时，现有渠道就会走向解体。

5. 客户抱怨

当总体客户满意度低于客户期望时，终端客户与渠道客户都会产生抱怨行为，以督促生产企业做出调整。企业的服务补救表现情况决定了客户是否会原谅企业的不足，继续选择合作。在渠道管理过程中，客户抱怨现象总会发生。这就要求渠道管理者能迅速查明客户满意度下降的原因，及时解决客户抱怨。这是挽回总体客户满意度的不二法门。

6. 客户忠诚

当总体客户满意度高于客户期望时，就会提高客户忠诚度。终端客户不仅愿意消费更多企业的产品和服务，各级经销商也乐于继续巩固营销渠道。因为各方实现了共赢格局，希望把这种稳定的利益共享关系持久延续下去。

渠道客户满意度反映了企业外部对营销渠道现状的基本评价。渠道管理者可以通过这些信息来弄清最终消费者对企业的期望以及各级经销商的想法。尽管渠道客户满意度是个难以量化且主观性较强的考核指标，但这个指标的重要性丝毫不亚于渠道价值与渠道成员绩效考核。只有充分了解消费者与经销商的不满之处，企业才能及时发现渠道管理中存在的漏洞，从而做出针对性调整。

综上所述，提高客户满意度有助于提高全渠道的销售业绩，提升整个营销渠道的竞争力，同时还为企业制定政策和战略提供了重要依据。因此，提升客户满意度也是渠道管理者义不容辞的使命之一。

提升客户满意度的方针

从目前的商业实践来看，提升客户满意度的基本方针主要有以下几点：

1. 树立客户满意度管理意识

生产企业在给各级经销商做培训时应该向全体渠道成员灌输客户满意度管理观念。此外，客户满意度管理不只是数据的采集、整理、分析，还要落实到解决具体问题上。可以定期选调员工组建客户满意度管理小组，根据客户满意度评估结果来与消费者和各级经销商共同研究那些让大家不满的具体问题，制定合理的改进方案。

2. 提升服务质量，加强服务补救能力

服务环境个性化、服务结果高效化、服务互动人性化、服务补救配套化是提升服务质量的四个努力方向。前三者重在事前提高客户的感知质量与感知价值，服务补救重在事后减少客户抱怨。服务体系不只是渠道的重要组成，也是企业品牌竞争力的一大支柱。在改良产品的同时，尽可能地升级服务体系，可以让各类客户的满意度提升，甚至能让一些潜在客户转化为忠诚客户。

3. 根据客户满意度考核状况来完善渠道建设

渠道客户满意度关系到整个渠道的生命力与健康状况。生产企业要从渠道建设源头上减少渠道客户的不满，因为他们的满意度最终会影响到终端客户的满意度。所以渠道管理者要时时留意渠道客户对当前营销渠道的看法，以便将客户满意度控制在一个比较稳定的水平线上。

▶ 要点回顾

1. 客户满意度主要受情感因素与认知因素影响，两种因素在不同阶段对客户决策的影响力存在差异。

2. 客户满意度可以结合感知价值、感知质量、客户期望、总体客户满意度、客户抱怨、客户忠诚六个方面来评估。

3. 企业应当树立客户满意度管理意识，加强企业的服务补救能力，根据客户满意度的调查结果来调整渠道服务细节。

渠道管控的最高境界是信用管理

　　渠道运营涉及多个单位、部门和多种因素，是一个充满变数的复杂过程。就算渠道制度和政策制定得再完美，渠道成员的实力再优秀，也同样存在一定的风险。从某种意义上说，渠道绩效考核的根本目的就是管控好运营风险，维护营销渠道的健康成长。因此，建立一套相对完善的渠道信用管理机制，有利于维护渠道的全局利益，实现生产企业与中间商的系统平衡。

渠道信用管理的基本点

　　渠道信用管理模式覆盖了交易前、交易中、交易后等全部基本环节，从过程到结果都被纳入了管控体系之内。这种管理方式是围绕销售过程、赊销管理、信用控制技术、管理制度、相关责任部门几个方面进行全方位管理。

1. 销售过程

　　信用管理贯穿在整个销售过程中，其中关键的环节有开发客户（经销商）、协商并达成合作意向、签订单、发货开票、期内收款以及逾期回收等。这是开发新客户时的完整过程，加强对销售过程的掌控，实际上就是流程管理。只要每个环节不出问题，最终结果也不至于漏洞。假如是与现有经销商协商继续合作的事宜，就可以把前两个环节去掉。

2. 赊销管理

赊销管理是针对销售过程中的各个环节展开的。在开发客户（经销商）之前需要先制定筛选客户的标准，在意向协商阶段则要确定各级经销商的信用标准，签订单时要明确信用条件，发货开票后要以货款跟踪为管理重点，在期内催收账款，对逾期回收的情况做特殊处理。简单说就是减少呆账、坏账、烂账的风险。

3. 信用管理

信用管理是门技术活，需要相关的配套控制方法。这些方法对应了赊销管理的各个环节。在筛选客户环节中，企业需要运用信息调查技术来掌握客户的资信状况。制定信用标准与信用条件时需要用分析技术来评估客户信用。货款跟踪工作的重点是用监控技术来跟踪企业的应收账款。在回收逾期账款的工作中，用到的是逾期账款管理技术。通过这些技术，企业能将渠道信用风险保持在可控的水平。

4. 管理制度

在一个成熟的现代化企业中，客户信息管理制度、客户授信管理制度、应收账款监控制度、逾期账款管理制度都是公司制度的组成部分。其中，客户信息管理制度是为企业的基础管理工作服务的，客户授信管理制度针对的是交易前控制，应收账款监控制度针对的是交易中控制，逾期账款管理制度针对的是交易后控制。通过这一系列的配套制度，企业可以确保信用管理的每个阶段、每个环节都有章法可循。管理制度不完善的企业是无力控制信用风险的。

5. 相关责任部门

管理制度健全的现代化企业往往会设定多个部门并明确各部门的权责范围。信用管理是一个需要多部门合作的复杂经营活动，涉及的责任部门主要有销售部、信用部、法律部。有些中小企业没有设立专门的部门机构，但也必须委托专人分管相关工作，他们在职能上与这三个部门是相通的。销售部是营销渠道的主要力量，客户信息管理制度中的客户信息整理工作主要由销售部门负责，交易前控制也是其基本任务。信用部门的工作事实上覆盖了整个交易过程，上述四项管理制度都与信用部相关。法律部则主要负责交易后控制，根据逾期账款管理制度与相关经济法律来制定处理方案。由此可知，信用部是信用管理机制中连接其他部门的纽带，销售部门与法律部门则在不同交易阶段为信用部提供支持。这些部门的协作水平决定了公司的信用管理水平。

经销商信用状况的评估指标

设定合理的评估指标也是信用管理的重要工作。渠道管理者可以根据经销商的资信、财务状况、偿债记录来评定经销商的信用等级。不少企业是从道德品质、还款能力、资本实力、抵押品、经营环境五个方面来审核经销商的信用的。

1. 道德品质

这个指标考察的是经销商是否具备努力履行偿还债务义务的职业道德。在很大程度上，企业应收账款的回收效率取决于经销商的配合情况。商业信用好的经销商为了履行契约，总会想办法兑现自己的付款承诺。许多"老赖"经销商并不是没有钱还款，而是因利欲熏心，故意拖欠应付账款。从根本上说，主观上是否具备职业道德，是否遵守商业合同，是判断经销商信用等级水准的首要因素。

2. 还款能力

这个指标考察的是经销商是否具备按期还款的能力。有些经销商并不想恶意拖欠应付账款，但还款能力比较弱，于是只能被评定为较低的信用等级。最能体现经销商还款能力的因素有还款记录、管理手段、营销能力、涉足多少高风险项目等。有些经销商在前三个方面一贯表现良好，但最近投资了新的高风险项目，这就需要渠道管理者提高警惕，以免因经销商投资失败而受到拖累。

3. 资本实力

这个指标考察的是经销商的财务状况，包括负债比率、流动比率、速动比率、有形资产净值等细则。通常来说，经销商的资产负债率越高，信用等级就越低。所以当经销商的资产多由贷款与欠款形成时，渠道管理者就要保持高度警惕。

4. 抵押品

抵押品是一种担保资产，常被经销商用来获取商业信用。在经销商的信用水平不明的情况下，企业一般会要求经销商提供一定价值的抵押品来确保信用。

5. 经营环境

经营环境指的是当时的经济大环境。经济环境不景气时，经销商的还款能力或多或少会受到影响。信用等级高的经销商还款可能不如过去那么及时，而缺乏职业道德或者经营不善的经销商则根本拿不出偿还债务的专款。所以，每当经济进入衰退期时，渠道管理者都应该把经销商的信用状况评估得更保守一些。

经销商的等级评定标准

通过考核上述五个方面，经销商的信用情况基本上就能了解清楚了。目前许多企业设置了A、B、C三个信用等级，并把每个等级再分为三级，用类似古代九品中正制的思路来评估渠道经销商的信用水平。

1. A级

（1）AAA级客户，回款能力极强，发展势头最稳定，信用等级最高。

（2）AA级客户，回款能力很强，发展势头比较稳定，仅次于AAA级客户。

（3）A级客户，回款能力虽然比较强，但容易受经济下行、市场萧条等环境因素影响，不像前两者那么能抗风险。

2. B级

（1）BBB级客户，回款能力没什么大问题，但比A级客户更容易被大环境影响。

（2）BB级客户，回款能力不太强，也容易受经济波动影响。

（3）B级客户，回款能力差，但具备最起码的偿债能力。

3. C级

（1）CCC级客户，回款能力很差，有较大的不确定性，与之合作的风险较高。

（2）CC级客户，回款能力更差，而且具有搞投机性与高风险等特征。

（3）C级客户，基本无力做到完全回款，对整个渠道的资金运转安全状况有着很大的风险。

经销商信用额度的评估标准

根据客户的信用等级差异，企业可以给各个经销商制定不同的信用额度。信用额度指的是经销商在一定期限内可以循环使用的金额，一般是根据其年度销售额的百分比来划分。通常情况下，生产企业授予经销商的最高限额能达到15%，如果是信用度最高的AAA级客户，也可以酌情将最高限额上调到其年度销售额的20%。比如，某个企业制定的最高信用额度标准为AAA级客户是20%，AA级客户是15%，A级客户是10%，所有的信用额度都以60天内回款为基准点。这是一个比较合理的信用额度制度。

但至于BB级以下的经销商，企业不提供信用额度比较妥当，以免增加自己的渠道运营风险。

与此同时，渠道信用管理不光要看经销商的情况，还得结合企业自己的财务状况来考虑。特别是企业财务困难时更要严格控制运营风险，以防它们有新变数出现。按照经验，生产企业的资产与债务之间的比例应该保持在1.75∶1以上，现金及应收账款与债务之间的比例要保持在1∶1以上。

此外，对于信用等级高的经销商也不能完全放松管控。因为信用评级只能代表经销商此前的表现，不能完全排除他们在此后陷入运营困难和财务危机的可能性。企业应当时不时检查高信用等级的经销商。

为了降低经销商信用风险带来的负面影响，渠道管理者可采取以下措施：（1）在经销商付款迟缓或交易金额超出信用额度时让公司暂停发货；（2）保持对经销商交易活动的监督和检查；（3）一年审核一次经销商的信用额度，重要经销商或正在交易的经销商半年审核一次，把审核结果及时通报给公司的销售人员；（4）一旦发现经销商有不好的苗头，应及时暂停与其交易；（5）生产企业在产品售出后依然保留对产品的所有权，直到经销商偿付所有账款为止。

▶ 要点回顾

1. 渠道信用管理涉及销售过程、赊销管理、信用控制技术、管理制度、相关责任部门几个方面的工作。

2. 企业可以从道德品质、还款能力、资本实力、抵押品、经营环境五个方面来审核经销商的信用状况。

3. 业界通常按信用等级把客户分为A、B、C三大类，每类客户又分为三个等级。

4. 五种降低渠道经销商信用风险的措施。

第六章
激励机制——点燃分销商的激情

分销商是渠道管理的主要对象，企业产品营销规模在很大程度上是由分销商的数量与质量决定的。在完整的渠道营销活动中，企业不能光满足于把产品卖给分销商，更不能觉得剩下的工作都由分销商负责，自己都不用管。其实，渠道成员和企业员工一样需要足够的激励。当企业给予分销商的激励越多，他们推销产品的力度也就越大。

目标激励，先画饼再分饼

没有足够的激励措施，员工不会愿意为公司卖命。同样道理，经销商也需要生产企业长期提供激励措施，这样才能保持维护渠道、开展营销的积极性。渠道激励的常用形式有目标激励、物质激励、精神激励、工作设计激励等，其中最基本的是目标激励。

目标激励的意义

生产企业在每年或每个季度都会给全体渠道成员制定新的销售目标。无论是季度目标还是年度目标，都包括了产品销量、销售总额、市场覆盖率等细目。当经销商完成甚至超出销售目标时，不仅能得到生产企业提供的各种物质和精神奖励，还能在整个渠道中占据更优越的地位，拿到更优惠的渠道政策。这就是目标激励的基本原理。

销售目标既能给经销商带来一定的压力，也会激发他们的动力，是一种天然的激励机制。然而，这种激励机制成功的前提是销售目标具备合理性与可操作性。

制定目标失当是不少生产企业的常见错误，包括制定目标过高或过低两种情况。当目标过高时，经销商不得不投入更多的成本与精力来迎接挑战，最终可能会因为不堪重负而丧失完成目标的信心。令人望而生畏的高目标，可能引发经销商的退群潮。当目标过低时，经销商毫不费力就能完成任务，获得生产企业的奖励。但由于没能施展全力就能实现目标，经销商很难保持高昂的工作积极性。

因此，渠道决策者在制定渠道目标时一定要参考以下三个因素：（1）营销渠道的发展需求；（2）生产企业与经销商的运营能力；（3）优秀销售人员的工作水平。

营销渠道的发展需求包括渠道整体的发展需求与每个渠道成员的发展需求。大家的目标是相通的，都希望发展壮大。但一个渠道在不同的生命周期里有着不同的需求，而且各个渠道成员的情况也不一样。所以，渠道决策者在制定渠道目标时要考虑这些差异，不能一刀切。

生产企业与各级经销商的运营能力是制定渠道目标最直接的依据。凡是超出渠道成员总体销售能力的渠道目标，都是无本之木、无源之水。而且渠道目标越高，对渠道成员的协作能力与管理水平要求也越高。许多企业和经销商并不具备管理复杂运营流程的能力。强行要求高指标，无异于赶鸭子上架，只会招致失败。

任何渠道目标最终都会分解为每个工作人员的任务目标，产品的销售最终是由一个个具体的销售人员完成的。假如细分的任务目标超出了优秀销售人员的能力范围，渠道目标就成了一座不可逾越的大山。这样一来，大家只会军心散乱，不会被目标所激励。

企业制定目标的注意事项

在充分掌握上述三个参考因素的前提下，企业才能制定出比较合理的渠道目标。除此之外，决策者在制定目标时应该注意以下六个问题：

1. 设定的目标应该符合实际情况

过高或过低的目标本质上都是脱离市场实际情况，要么完全不具备可行性，要么没有充分发挥渠道的营销潜力。这两种结果对于生产企业和各级经销商来说都不是好事。一般来说，经过努力后可以完成但不努力就完不成的目标最为合理。既没有超出大家的能力范围，又能激励他们释放更多潜力。

2. 目标要求与工作内容要统一

有些决策者制定的目标跟实际工作内容关系不大，导致渠道成员的工作贡献不能体现在目标完成度上。这无疑会分散渠道成员的资源与精力，并严重打击他们的工作热情。渠道目标一定要能分解为各渠道成员的实际工作内容，这样的目标才有系统性和指导性。

3. 设定的目标期限要合理

渠道目标一般分为近期目标、短期目标、中期目标、长期目标，也可以分为月度目标、季度目标、年度目标等。这些目标往往是成体系的，比如，年度目标包含着季度目标，季度目标可以细化为月度目标。近期目标和短期目标着眼的是渠道当前最紧迫的任务，主要是要求各渠道成员快速完成与快速变现；中期目标和长期目标不同，更多是要求各渠道成员打好长远根基，做好宏观布局。决策者应该注意不要把那些需要厚积薄发的持久任务定为短期目标，揠苗助长只会带来欲速则不达的恶果。同时也不该把短期能完成的任务定为长期目标，那样会导致渠道发展缺乏战略连贯性。

4. 制定的目标要以书面化形式来展现

渠道目标中凡是能够量化的地方都要制作成相关的数据表格，那些不可量化的内容也要形成正式的书面要求。目标内容书面化也是渠道管理正规化的表现之一。因为相对于书面文件，口头交代太过随意，不足以引起全体员工的重视。而且没有正式文件做范本，渠道成员很容易因对目标任务的不同理解而陷入无休止的扯皮状态。

5. 把目标内容摆在渠道成员随时能看见的地方

丰田汽车公司为了实现按需、按量、准时化生产，发明了看板管理模式。生产车间在看板上写明所有的流程，并清楚地标注每个项目进展到哪一个工序。这种管理方法最大的优点是管理者和员工能一目了然地弄清当前的工作进展情况。同样道理，把细分好的目标内容摆在渠道成员随时能看见的地方，可以起到时刻提醒与激励的作用。

6. 原定目标应该根据实际情况不断调整

渠道目标在执行过程中会碰到各种各样的问题，而且市场变化也会让原定目标变得不合理。这些都需要目标制定者充分考虑，根据企业一线销售团队、各级经销商、最终消费者的反馈意见和市场大环境的变化来修订原定目标中不合理的地方。这样才能提高渠道运营效率，减少不必要的经济损失。

目标激励的主要对象是各级经销商。为了更好地发挥目标激励法的作用，渠道管理者应该结合经销商在不同阶段的需求来制定目标。

在起步阶段，经销商规模不大，销售网点覆盖率也较低，对市场受众的影响力有限，缺乏长远规划，忠诚度也低。本阶段的经销商尚未形成自己的目标与经营理念，最希望生产企业能够提供技术指导与政策扶持。也正因为如此，经销商的工作积极性比较高，比较服从生产企业的战略安排。这时候，生产企业应当为经销商描绘一幅前景广阔的蓝图，以此作为激励他们与自己深入合作的长期目标。与此同时，还要注意根据经销商们当前的实力来设定难度和强度较为合理的短期目标，不宜要求太苛刻。

在增长阶段，经销商羽翼渐丰，对怎样经营市场开始产生自己的想法。假如放任不管，企商双方很可能因为理念和目标分歧太多而散伙。所以，生产企业在这个阶段要敏锐地感知经销商的思想变化，通过提供业务培训、市场支持、协商营销方案与渠道管理细则等方式把经销商的发展目标纳入自己的轨道。只有长远目标一致，企商双方才能形成更稳固的合作关系。

在成熟阶段，经销商规模较大，终端网络较为发达，对市场的影响力也更强。本阶段的经销商更看重企业的服务能力与激励措施，对渠道合作的要求也会变得越来越苛刻。不过，只要企商双方能就发展目标与渠道建设等问题达成一致，成熟的经销商就可以为生产企业分担很多压力，并且成为愿意风雨同舟的高忠诚度客户。

▶ 要点回顾

1. 目标激励措施成功的前提是目标的合理性与可操作性。

2. 企业在制定渠道激励政策时应该注意三个参考因素与六个目标制定基本原则。

3. 不同发展阶段的经销商有不同的目标，但生产企业可以灵活地调整策略，将对方的目标纳入自己的战略全局中，发挥目标激励的效用。

需求牵引，激励方案应当层层递进

　　激励措施是生产企业建设营销渠道的必备手段。经销商与企业员工不同，但在需要激励这点上又没什么本质区别。无激励则无动力。激励不到位，也无动力。

　　药方对症才能产生疗效，激励措施也是如此，只有切中经销商的需求敏感点，才能激发他们的合作积极性。假如渠道管理者平时不跟经销商做深入沟通，就不能了解其真正的需求。由此制定出来的激励政策必然是盲目的，除了浪费企业资源与团队的精力外，不会有什么显著效果。所以，渠道管理者应该学会换位思考，偶尔站在经销商的角度来看问题，好好体会一下合作伙伴有哪些尚未满足的需求。

调查经销商需求的办法

　　调查经销商的需求可以采取以下四种办法：

1. 观察经销商在营销渠道中的表现

　　前面提到多种考察渠道运营状况的办法，包括对经销商的定量考核与定性考核。当营销渠道整体运转良好时，经销商通常也不会有什么反常表现。想要了解经销商的需求情况可以从经销商的价格政策、经营产品的种类与范围、推销新产品的能力等方面着手。

不过，每个经销商的情况不一样，肯定会存在需求差异。处于起步阶段的经销商规模小、实力弱，需要更多支持；增长阶段的经销商逐渐有了自己的想法，对企业的渠道政策会提出一些异议；成熟阶段的经销商更注重企业服务机制与渠道政策的完善性。在一个营销渠道中，各级经销商可能处于不同的发展阶段，所以对生产企业的要求也大相径庭。这就需要渠道管理者全面看待问题，避免一刀切地评价各个经销商的表现。

2. 观察经销商各方面的工作细节

许多企业做产品渠道时更多考虑的是最终消费者的需求，绞尽脑汁地让消费者爱上自己的产品。但他们只把经销商当成产品流通的中转站，不愿像调查最终用户那样试图全面了解各级经销商的情况。由于缺乏深入了解，企业与经销商的合作不会很默契，这个误区很容易让企商之间的小分歧变成大矛盾。

其实，经销商的需求往往可以从工作细节中折射出来。经销商的服务流程是否完善，其销售人员的工作态度是否积极热情，其铺货的方式是否符合生产企业优先展示促销产品的要求，其财务管理是否规范，其库存管理水平如何，都会影响到销售业绩。阻碍经销商提升销售业绩的问题，往往体现在那些不合理的工作细节中，帮助改进这些细节就是经销商的潜在需求。

3. 设立经销商顾问委员会以加强企商之间的沟通

加强企商沟通是渠道管理中的硬道理，但如何落实就是另一个问题了。企商双方的沟通不能仅仅局限于业务往来，应该更加深入地了解彼此的综合状况。这就需要一个专门的机构来统筹企商双方之间的沟通工作，如经销商顾问委员会或类似的联合机构。经销商顾问委员会的成员应该包括生产企业管理层的代表和渠道各成员的负责人或主要代表。这个由企商双方高层代表共同构成的顾问委员会主要负责交换意见或建议、协调渠道冲突、促进成员联谊、共享渠道信息等工作，为企商双方加深彼此的了解提供一个绿色通道，这也是倾听经销商需求的有效途径。

4. 借助第三方专业机构来调查经销商的情况

为了更加客观地了解经销商的需求，生产企业可以考虑在渠道外部选择可靠的第三方专业机构对经销商的发展现状进行全面调查。随着市场经济的不断完善，提供管理咨询与市场调研的第三方服务商越来越多。特别是对于那些没有专门市场调研部门的中小型生产企业来说，借助"外脑"的力量是一件划算的事情。第三方专业机构也许能起到"旁观者清"的效果，对经销商的需求做出更为全面客观的总结。这点可以和生产企业自己的调查研究结果相互参验。遗憾的是，很多企业还缺乏专业管理意识，不重视第三方专业咨询机构。

经销商的需求层次划分

按照美国心理学家亚伯拉罕·马斯洛在论文《人类激励理论》中提出的"需求层次理论"，人的需求分为五个层次：生理需求、安全需求、爱和归属感、尊重、自我实现。这五个层次是逐级上升的，对人们的优先顺序也不同。

其实，经销商在某种程度上也和人一样，需求不仅随着阶段的发展而发生变化，也存在层次差异。比照人的需求层次，经销商的需求也可以从低到高划分为五个层次。

1. 生理需求——增加销量与利润

企商之间围绕利润分配展开的博弈，是造成渠道成员冲突的主要原因。生产企业和经销商都是盈利组织，以赚钱为立足之本。增加产品销量与销售利润是双方最基本的发展需求。相对而言，生产企业更关心产品的销量，经销商更重视实际的利润收入。双方关注点有微妙的区别，但总体上殊途同归。

经销商的收入不只是来自于批发代理产品，还包括生产企业的返利政策与奖励措施等。经销商的销售利润的主要来源之一是产品差价，差价越大则利润空间越大。事实上，抬高产品差价存在一个度，定价过高就会让消费者失去购物兴趣，反而会减少经销商的收入。可见，利润是产品销量与产品差价综合作用的结果，经销商不能不对此进行通盘考虑。

对于生产企业来说，经销商售卖产品有差价是正常现象，但这个差价不能打乱整个渠道的价格体系。此外，企业有时候也会通过削减给经销商的优惠政策来提高自己的利润空间，这种做法会给经销商带来一定的压力，从而降低其积极性。总之，经销商最基本的需求就是增加产品销量和提高利润率。当这个需求得不到满足时，目标激励法就是画饼充饥。

参考对策：

（1）制定合理的价格体系，保证经销商有足够的利润空间；

（3）允许产品差价存在一定的浮动，授予经销商部分定价权；

（3）设置年终返利的任务达标奖励；

（4）设置某些特殊的经销商专项奖；

（5）各种促销政策。

2．安全需求——降低经营风险和建立互信机制

市场有风险，没有高风险就没有高回报。但谁也不希望遇到"今天销量上百万，明天分分钟破产"的悲剧，降低经营风险是所有经济组织共同的目标。在获得利润的基础上能够安心地赚钱，这就是经销商的安全需求。

对于经销商而言，处于渠道上游的生产企业拿住了产品线的命脉。假如企业改变了原先的渠道政策或者决定更换新的经销商，经销商的利益就会受损，甚至被淘汰出局。于是，生产企业每次打算对渠道成员进行调整时，经销商都会或多或少有一些不安全感。

当经销商有后顾之忧时，就不会放手去开拓市场，而是会怎么稳当怎么来。想要让各级经销商全身心投入营销战役，就必须让他们相信生产企业是可靠、可信的，企商双方的渠道合作关系是规范而稳固的。这需要多项配套措施。

参考对策：

（1）与经销商签订权责分明、公平合理的合同协议；

（2）为经销商的市场促销活动提供物质支持和广告支持；

（3）通过培训让经销商深入了解公司的渠道政策，减少猜疑；

（4）对于表现良好的经销商提高其信用额度；

（5）在发货及供应等流程中切实兑现给经销商的承诺。

3. 社会需求——与生产企业、客户建立良好的交情

经销商在渠道中也是需要归属感的。作为渠道成员之一，经销商在很大程度上是生产企业品牌形象传播的助推器。经销商通常喜欢跟品牌企业合作，销售品牌产品。因为这样做的话，经销商就能依托企业品牌的影响力来扩大自己的市场占有率。

企商双方同为营销渠道的一分子，应该建立亲密的战略合作伙伴关系。企商一体化是渠道建设的理想境界，这就要求企商双方不仅在业务上保持密切往来，还要从心理上培养互惠互利、共同发展的默契。尽管经济组织以利益为本，但人情味也是必不可少的。假如生产企业除了交易外总是对经销商报以冷淡态度，哪怕给予的物质优惠再多，也弥补不了经销商的失落感。这也会导致他们的热情与积极性不断降低。

参考对策：

（1）企业渠道管理团队加强与经销商的日常来往；

（2）邀请核心经销商参与公司的重要会议；

（3）邀请经销商代表参与学术讲座、公益活动、旅游活动等。

4. 尊重需求——得到生产企业的尊重并获得较高的渠道地位

生产企业通常会与许多经销商合作，每个经销商都希望得到更多的尊重和优惠，在营销渠道体系中占据更高的位置。因为生产企业会根据经销商的层级与销售业绩来制定差异化的渠道政策，比如，一级经销商是生产企业在某个区域市场的总代理，无论是地位还是获得的优惠都超过二级经销商。二级经销商想要更上一层楼，就必须拿出足够的实力才能登上一级经销商的位置。

　　一个成熟而健康的渠道，必然是有升有降的。这样才能激励那些对营销渠道贡献大的经销商再接再厉，鞭策那些不够努力的经销商尽快做出调整。生产企业可以利用经销商渴望获得尊重的需求，给予他们提升渠道的方向，以激发其前进动力。

　　参考对策：

　　（1）对能力出众且责任感强的经销商授予一级经销商或独家代理的特权；

　　（2）帮销售业绩较好的经销商扩大销售区域、增加产品线；

　　（3）邀请优秀的经销商参与高层聚会。

5. 自我实现需求——由单纯的执行者转变为渠道政策的制定者

　　通常而言，生产企业是渠道政策的制定者，经销商是渠道政策的执行者。各级经销商会根据一线的实际情况提供一些意见或建议，但生产企业是否采纳就是另一个问题了。当经销商前几个层次的需求得到满足后，就不会甘心只做被动的执行者，而是希望参与到渠道政策的制定过程中。当然，渠道政策的主要制定者依然是生产企业，经销商更多的是提供合理化建议与调整意见。但如果生产企业愿意虚心听取他们的意见或建议，遇到问题时能主动沟通协商，经销商就会认为自我价值得以实现，从而更加忠于渠道。

　　参考对策：

　　（1）把表现出众的经销商特聘为经销商渠道顾问委员会成员，定期组织顾问委员会会议；

（2）让企业渠道销售团队参与经销商组织的销售技能培训；

（3）邀请优秀的经销商代表给企业员工讲课。

▶ 要点回顾

1. 经销商有五个需求层次，包括增加销量与利润的需求、降低风险的需求、被渠道成员喜爱的需求、获得更高的地位的需求、参与渠道政策制定的需求。

2. 可以通过观察其在渠道中的表现、考察其工作细节、直接沟通互动、聘请第三方专业调研机构等途径来了解经销商的需求。

保持销售士气需要综合手段

　　有些生产企业以为只要制定好销售目标和渠道政策就万事大吉，当经销商进展不顺时，也抱着只要结果不管过程的心态。这种自扫门前雪的做法并不是真正的权责分明，反而是一种合作水平低下的表现。因为在很大程度上，经销商的销售业绩好坏取决于生产企业的支持度与激励措施。

　　商场如战场，困难多多，险象环生，实力强劲且工作努力的经销商也可能出现产品销路不畅的情况。当经销商遇到挫折时可能会对销售失去信心。所以，让经销商保持高昂的士气去做销售，也是渠道管理者的基本职能。当产品销售进展受阻时，经销商最希望得到的是生产企业的更多支持，而不是一味地施压。因此，这时，生产企业不能一味催逼经销商突破销售瓶颈，而应该主动寻找销路不畅的原因，然后再设法激励对方完成目标。要做到这点，光靠一两次简单的奖励是远远不够的，必须运用多种手段打组合拳。

　　生产企业对经销商的激励措施主要体现在两个方面：一是技术支持，二是奖励政策。重奖励政策而轻技术支持，是企业做渠道激励的常见误区。技术支持是从过程上提高经销商的销售能力。如果说奖励政策是以目标和需求拉动经销商的积极性，那么技术支持就是推动经销商完成目标的力量之源。

企业如何支持经销商工作

渠道管理者要为经销提供技术支持，可以从以下几个方面着手：

1. 在生产企业与经销商之间建立畅通的咨询服务机制

全面准确的产品知识是成功销售的一个重要条件。经销商只是产品销售的中转站，对产品及相关配套技术等信息的了解有限。如果不能全面把握产品的性能和特色，经销商就无法制定出具有针对性的营销推广方案。为此，企业技术人员要在整个销售过程中随时为经销商提供产品信息服务与技术支持，让经销商能更好地解答客户对产品或服务的疑问。具体操作可以通过电话专线、网上专用客户渠道、向经销商派驻技术人员等形式落实。在互联网与移动互联网技术日新月异的今天，在线技术服务的重要性也日益上升。企业可以设置统一为渠道成员服务的技术平台，让公司的技术专家、工程师、管理咨询专家轮流参与线上讨论，为各经销商提供在线解答疑难问题的服务。

2. 建立渠道培训认证平台，为渠道成员提供专业培训服务

培训渠道成员的重要性在前面已经有所提及。这种渠道培训服务的内容主要包括：企业各类产品信息的培训、产品销售技巧培训、渠道管理技巧培训以及其他专业技能培训等。通过这种方式，企业可以把系统的产品知识与营销管理技能传授给渠道成员，从知识结构上推动企商一体化发展。这样一来，经销商也能通过获取更多智力资本来提升自己的综合能力，找出突破销售瓶颈的办法。

3. 帮助那些处于起步阶段的经销商打造售后服务队伍

不同的经销商在售后服务能力上存在差异。由于各级经销商基本上使用的都是生产企业的品牌，区域经销商的售后服务跟不上的话，很容易影响到区域市场受众对生产企业的评价。刚起步的经销商尚未形成比较完整的售后服务，而组建新团队需要资金、技术、设备、人才等方面的支持。这就需要企业主动扶持一把，帮助经销商搭建渠道技术平台、培训售后服务队伍。

以上内容是宏观层面的技术支持，微观层面的激励办法则更多。

比如，为了鼓励经销商多进货，生产企业可以附赠一些新产品的免费样本。经销商批量进货后，企业可以在短期内给产品销量超出预期目标的经销商提供一定的超额津贴。为了调动各级经销商的积极性，渠道管理者还可以在所有同级经销商中组织销售竞赛，表现优异者可以获得更多的购货折扣和广告折扣、销售返利等优惠政策。在条件成熟的情况下，企业可以考虑选择联营推广的方式，与经销商在终端网点进行联合销售，共同承担盈亏。

此外，生产企业还可以采用迂回的策略来激励渠道成员的销售士气。先通过全方位的宣传推广把最终用户的消费欲望引出来，由此产生庞大的订单，从渠道终点的需求反过来刺激渠道各环节。在供不应求的市场环境下，经销商的销售士气自然会十分高涨，从而产生更多的热情来完成生产企业制定的销售指标。

企业奖励经销商的方式

生产企业应该成为各级经销商的强大后盾，充分的技术支持能让经销商更有信心地完成渠道目标，这是保持经销商销售士气的基础。但对于大多数人来说，具体的奖项可以带来更直接的激励效果。为了激励经销商朝着细化的目标努力，企业通常会在实践中设立以下奖项：

1. 任务完成奖

这个奖项是为了激励经销商完成任务而设立的，一般是以年为周期来发放。此处的任务包括年度销售总指标、各类产品的具体销售指标、零售终端在市场中的覆盖率、分销渠道拓展等不同类型。任务完成奖的获奖条件是经销商完成企业分配的相关任务，奖励形式包括年终返利、国内外旅游、高级培训等。

2. 超额津贴

这是为了鼓励经销商超额完成目标而设立的奖项。超额津贴往往采用阶梯式增长的标准，经销商的超额部分越多，奖励力度就越大。奖励形式主要是对超额部分进行返利，或者在下个阶段为该经销商提供更多的市场费用。

3. 按时回款奖

回款不及时是许多经销商存在的问题。所以，企业可以通过这个奖项来给予一定的销售折扣，以此鼓励经销商积极回款。按时回款奖的奖励幅度可以根据回款时间的长短来设立等差，现款现付是一个档次，30天或60天内回款则分为两个档次。通过差异化的结算价格来吸引经销商把企业作为优先回款对象。

4. 信用额度奖

信用额度既是激励措施，也是生产企业降低货款风险的保障措施。为长期合作且表现稳定的经销商提供一定的信用额度，销售业绩增加时提高其信用额度，业绩下滑时则减少其信用额度。

5. 批量折扣奖

企业的运营成本往往与产品的批量大小有关。企业都喜欢经销商能有计划地大批量的集中订货，不希望他们以小批量的形式分散订货。因为后者增加了生产企业的运营成本，降低了渠道的效率。因此，有的企业会按照批量大小的差异设定不同的批发价格，并给大批量进货的经销商提供一定比例的赠品。

6. 专销产品奖

无论是企业还是经销商一般都是多产品经营。但企业会选择几款销路好、利润高的产品做主打产品。经销商也是一样，但他们选择的主打产品未必是该企业的产品。为此，企业可以通过产品销售专项奖来引导经销商把自己的产品作为推广重点。专销产品奖的形式有提高该产品的返利比例、增加市场广告投入、向经销商拨付专项市场推广费等。

7. 阶段目标达成奖

这个奖项常用于季节性产品销售或某个特殊阶段的销售冲刺（比如节庆时期）。阶段目标达成奖通常比企商双方协议中的常规奖励方式更优惠，奖励力度根据阶段目标完成期限的长短来调整。企业可用这种办法激励经销商把主要精力投入到自己的阶段性销售任务中。

8. 终端开拓奖

经销商是生产企业与零售终端之间的桥梁。经销商对零售终端的开拓力度，决定了产品的市场覆盖率。这对企业产品的销路有着至关重要的影响。所以，有的生产企业会根据经销商开拓终端的级别和数量来进行专款奖励，以激励其开发更多的零售终端。

9. 促销成效奖

这个奖项是为了奖励那些促销活动效果好的经销商，以求鞭策他们保持活跃的市场表现。奖励方式主要有增加促销活动支持费、订货优惠政策、提供促销礼品或赠品等。

10. 新产品销售奖

推广新产品是渠道营销中难度较高的任务。经销商通常更喜欢在成熟的产品上下更多功夫，不愿为推广新产品冒太多风险。这就需要生产企业设置专项的新产品销售奖，以带动他们推销新产品的积极性。

11. 经销商贡献评比奖

对各级经销商在上一个销售年度中的表现进行评比，是企业调整渠道的主要手段。通过奖励优胜者，让其他经销商认清差距、鼓足干劲，也是一种激励渠道成员士气的心理战术。这个奖项属于精神激励的范畴，象征着渠道成员在各项目上的最高荣誉，可以采取奖杯、奖章、牌匾、证书、锦旗等形式。

▶ 要点回顾

1. 生产企业应该从产品、技术、咨询、培训等方面来支持经销商的销售工作。

2. 重奖励政策而轻技术支持，是企业设计渠道激励机制的常见误区。

3. 激励经销商士气的常用奖项有任务完成奖、超额津贴、及时回款奖、信用额度奖、批量折扣奖、专销产品奖、阶段目标达成奖、开发终端奖、促销成效奖、新产品销售奖、经销商贡献评比奖等。

风险管理，别让大客户成为公司的软肋

在企业渠道中，有各种各样的大客户。大客户与公司的业务往来密切，公司渠道往往对其具有一定程度的依赖性。如果把排名前二十位的大客户对渠道收益的贡献相加起来，甚至可能超过企业渠道总收益的一半。也正因为如此，当大客户出现问题时，企业也会受到连带影响。轻则造成业绩下滑，重则成为企业的一大软肋，整个渠道无法正常运转。所以，风险管理也是渠道绩效评估的一个重要目标。

客户分类

我们先来看看营销渠道的客户分类。根据销售量高低与盈亏水平，渠道客户可以划分为大客户、主要客户、普通客户、小客户四个等级。

1. 大客户

大客户指销售量排在前列且能保持稳定盈利状态的客户，也称VIP客户。大客户通常只占所有客户的1%左右，数量非常稀少，却是生产企业的主要利润来源。营销渠道的命脉几乎都集中在大客户身上。

生产企业要在产品数量与种类上优先满足大客户的要求，并随时掌控大客户的销售、库存、运营情况。特别是在销售旺季时，生产企业要协调渠道中的各个环节，确保大客户能及时得到充足的货源。这样才能让大客户创造更好的销售业绩。此外，大客户作为企业的主要利润源，应当享有更多的优惠政策与特殊奖励。渠道管理者还可以邀请大客户共同参与促销活动方案的设计工作，以表示对他们的尊重。

2. 主要客户

主要客户指销售量大但不能保持稳定盈利的客户。主要客户通常只占客户总数的4%左右，数量不多，也不会给生产企业带来多少利润，甚至会招致一定的亏损。由于这类客户的销售量大，生产企业的很多产能是靠他们来消化的。所以，这一类客户也是生产企业需要注意挽留的对象，否则会给营销渠道带来较大的波动。

对于主要客户，企业要设法降低生产成本与服务成本，努力让他们保持稳定盈利或扭亏为盈。根据这类客户的销售活动与资源消耗差异，企业可以对不同的主要客户采取差异化的收费模式。主要客户的盈利虽不稳定，但销售量很大。所以，渠道管理者应当选择有潜力的主要客户进行重点扶持，从而培养出新的大客户。

3. 普通客户

普通客户指销售量不高但发展潜力不俗的客户。普通客户通常只占客户总数的15%，给生产企业带来的利润不多。但这类客户是同行企业千方百计要拉拢的资源，同样需要企业决策者高度重视。

生产企业给予普通客户的物质激励一般较少，但可以在精神激励层面满足他们希望受到尊重的需求。尽管普通客户对渠道的贡献不算大，但一旦成群流失就会造成营销渠道覆盖范围的大幅度缩水。所以，企业应当尽力帮助自己的普通客户增加产品销量，同时还要设法把竞争对手的普通客户争取过来。

4. 小客户

小客户指销售量最低的剩下80%的客户。这类客户的数量最大，价值却最低，全部加起来还不如单个大客户对营销渠道的贡献大。企业维护众多小客户要花费很多精力与成本，效益却很难得到补偿。所以对于这类客户，渠道管理者要根据他们消耗销售成本的多少来收取费用。虽然赚不到什么利润，但最起码要让生产企业补回一部分资源损耗。

大客户关系管理

用更低的成本换取更高的效益是每个企业的行事准则。因此，有远见的生产企业往往会把有限的资源与精力向数量仅有1%的大客户倾斜。

这种专注于挖掘最有价值客户潜力的做法，有利于生产企业实现资源的优化配置，形成最佳的投入产出比。同时还可以提高大客户对品牌的忠诚度，让整个营销渠道形成更加稳定的长效合作机制。尤其是在生产企业财力与资源有限的情况下，先经营好数量不到10%的大客户，也许能达到事半功倍的效果。从这个意义上说，只要把大客户管理好了，营销渠道乃至整个企业的运营风险就能得到有效控制。

大客户关系管理包含了正反两个方面：正面是生产企业从合作的角度出发，为大客户注入更多力量，使之获得更强的市场竞争力；反面则是从制约的角度出发，避免不良大客户"反客为主"或虚报成绩。

如前所述，大客户是渠道销售的主力军，他们的业绩在很大程度上决定了整个营销渠道的业绩水平。所以，大客户的产品促销能力和售后服务能力越强，对企业越有利。企业扶持大客户的方针其实也是企商一体化建设战略的一环。企业可以通过帮大客户挖掘潜在商机来扩大自己的利润源，操作办法是：（1）先分析大客户的经营理念与核心业务；（2）利用营销渠道体系为大客户提供更多服务；（3）大客户开拓新市场或开发新产品时，生产企业可以酌情提供技术、设备或资金方面的支持；（4）帮助大客户完善现有售后服务机制；（5）为大客户的阶段性成果提供某种形式的奖励。

帮大客户挖掘潜在商机时，生产企业应当扮演好长期战略合作伙伴的角色，积极为对方发展提供新思路，使其按照企业希望的方向发展。

大客户对营销渠道的影响力是一把双刃剑。当大客户过于膨胀时，就会反过来与生产企业争夺对渠道的主导权。他们会提出不少无理要求，比如让企业提供更多促销费用、提高年终返利比例、无故延迟交付欠款等。还有一些大客户看似销售量可观，但实际上卖给最终消费者的产品并不多，而是通过库存转移或者跨区域窜货等方式来虚造业绩。

实际产品销售量大的是真大户，反之则是假大户。真大户做大后容易出现"反客为主"的现象，假大户则会浪费许多企业资源，让整个营销渠道的风险增加。这就要求生产企业在必要的情况下打破现有渠道格局，剥夺不良大客户的特权，让渠道结构重新合理化。

要做到这点，首先需要生产企业自己的品牌过硬，能吸引新的实力派经销商填补原大客户的位置；其次要选择合理的时机，以便快刀斩乱麻，避免渠道动荡太大；再次是借助主要二级经销商的力量来重组渠道；最后是在剥夺不良大客户特权之前要清空他的库存并讨回欠款，以免他们用恶意抛售库存产品的手段扰乱整个市场。

从根本上说，无论是扶持大客户成长还是把不良大客户清除出当前渠道，都是为了避免让大客户成为生产企业的软肋与营销渠道的死穴。为此，企业应该建立大客户风险监控机制，从多个方面确保整个渠道的安全。

1. 调查大客户掌握的销售网络

企业平时就应注意调查大客户（核心经销商）掌握的销售网络，这样可以避免企业在更换核心经销商时丧失原先的销售网络，有利于渠道管理者帮助新经销商迅速与原大客户的销售网络进行对接。

2. 观察所有大客户的终端出货情况

企业要注意观察所有大客户的终端出货情况，以判断这些经销商是否为优质的重要合作对象。企业可以设置经销商月销量状况分析表，对渠道中各级经销商的月销售量、月进货次数、当月销量在渠道总体销量中的比重变化进行对比分析。假如某个大客户的月销量与月进货次数突然增加，渠道管理者就应该提高警惕，核查终端销售的实际情况是否与账面数字匹配。这样就能避免某些假大户冒充真大户。

3. 加强渠道过程管理和企业内部管理

只问结果不看过程的传统管理观念应当被舍弃。如果渠道过程中的每个环节都不出纰漏，最终结果肯定不会糟糕。一味要求包括大客户在内的所有经销商提高销售业绩，却不监督他们达成目标的手段，就会留下很多管理上的漏洞。一般情况下，大客户的恶意竞争行为少不了个别企业内部销售人员的推波助澜。所以，在明确责任后，企业应先惩罚内部的业务人员，再问责经销商。要做到这点，企业应该坚持走运营过程监督制度日常化的道路，加强对内外部的监督。

4. 制定科学合理的促销政策

促销政策的制定应当兼顾目的性、可行性、挑战性。目的性是指明确促销政策的激励对象是哪个层级的渠道客户。可行性是指销售目标应该符合市场的实际情况，经销商通过努力后可以完成。挑战性是指新的销售目标应该超过各个经销商的历史销量。促销政策应包含多种奖项，从多方面激励经销商的发展。最好少用现金，多用物质、活动等激励措施。

5. 向包括大客户在内的所有经销商收取保证金

保证金有利于稳定渠道价格体系。生产企业收取保证金后，每年应该按照高于银行利率的标准向大客户等各级经销商支付保证金利息，在双方终止合作后退还保证金。保证金缴纳的方式可以灵活一些，如分批缴纳等方式，以便减轻经销商首次进货时的负担。

▶ 要点回顾

1. 企业客户类型可以分为大客户、主要客户、普通客户、小客户四种类型。

2. 销售量排在前列且能保持稳定盈利状态的客户就算大客户，也称VIP客户。

3. 大客户可能虚报业绩以骗取生产企业的优惠政策，甚至与生产企业争夺营销渠道的主动权。

4. 企业应该建立大客户风险监控机制，并在必要时把不良大客户清除出渠道。

第七章
系统维护——在冲突与合作中保持平衡

任何营销渠道都是冲突与合作并存的。企业与经销商、零售商的利益有共同点，也存在分歧点。良好的沟通协调机制是渠道管理中必不可少的环节。通过协商来达成共识、化解分歧，能巩固彼此的合作关系，保持渠道的畅通。发生渠道冲突的原因有很多，可能对定价有异议，也可能是存货过多让企商双方都背上了沉重的财务负担。无论具体原因是什么，企业都应该认真调查，减少渠道冲突。

多管齐下，化解渠道冲突

企业构建的营销渠道是由多方成员共同构成的，每个成员加入渠道的动机都是想把自己做大做强。但作为一个有机整体，营销渠道的发展壮大需要所有成员按照共同目标分工合作才能实现。而个体的发展壮大除了用正当竞争手段外，还能通过不正当竞争手段来实现。由于整体利益与个体利益不完全一致，某些短视的经销商会用窜货等恶性竞争手段来提高自己的销售业绩，从而伤害其他渠道成员的利益。渠道成员之间的冲突也由此产生。

渠道冲突是渠道管理中最复杂、最困难的工作，对营销渠道的破坏力非常大。每个渠道成员都有自己的利益诉求，不同的目标构成了天然的矛盾。在渠道运营过程中，企商各方往往会出现目标不一致、理念有分歧、权责不明、沟通不畅、利益不均等问题。这些问题都可能激化各方成员的矛盾，从而引发渠道冲突。

渠道冲突的基本类型

通常情况下，渠道冲突可以分为以下四种类型：

1. **渠道同级成员之间的冲突**

这种渠道冲突又名"水平渠道冲突"，其成因一般包括：（1）生产企业划分的销售区域不合理，造成同级经销商的负责区域发生重叠；（2）同一层级的各个经销商对企业渠道政策的理解大相径庭，导致执行政策时发生冲突；（3）个别经销商不遵守渠道规则，到其他经销商负责的销售区域做业务；（4）上游经销商对下游经销商监督不力，下游经销商屡屡窜货造成产品价格体系混乱；（5）个别经销商对窜货经销商施加的报复行为。

遏制水平渠道冲突的关键是：（1）生产企业在划分销售区域时，一定要明确界限；（2）选择合作对象时，尽可能地挑价值观一致的经销商，不要让理念不合的经销商进入渠道；（3）制定合理的产品价格体系与渠道运营流程，加大对窜货现象的稽查力度；（4）联合一级经销商加强对下游经销商的监督管理。

2. **上下游成员之间的冲突**

这种渠道冲突又名"垂直渠道冲突"，其主要成因有：（1）上下游经销商争夺客户资源；（2）下游经销商对上游经销商给的价格不满意；（3）上游经销商在物流配送与促销活动等环节没有给下游经销商提供足够的支持；（4）下游经销商完不成上游经销商下达的销售任务；（5）下游经销商不能及时回款，上游经销商因此不发货。

减少垂直渠道冲突的关键在于三点：（1）商业协议形成书面合同，以便在发生冲突时有法律文件做依据；（2）建立上下游渠道监管制度，用定期检查的方式来及时发现问题；（3）上下游成员保持深入沟通。

3. **同一市场的多渠道冲突**

生产企业往往不止设立一条渠道，特别是在市场细分化后又不断组建新的分销渠道。这种做法很容易造成两条及以上的渠道在同一市场分销同一品牌产品的情况。不同的渠道面对的是同一个目标客户群，不产生冲突简直不科学。

此类冲突的根源是生产企业没有对目标市场中的渠道布局做合理规划，导致同一市场拥有过多的渠道和经销商。避免多渠道冲突的关键是：（1）生产企业做规划时注意平衡各渠道之间的利益；（2）让不同渠道产品的价格保持在合理的比例；（3）用产品差异化策略让各渠道错位发展，避免无谓的竞争。

4. 不同品牌在同一渠道的冲突

这种渠道冲突的复杂程度不亚于多渠道冲突。其产生的原因有三点：（1）经销商同时代理多个品牌产品，各个生产企业都希望自己的品牌成为渠道的主打；（2）生产企业自己拥有多个品牌的产品线，这些产品线试图在同一营销渠道中占据更大的份额；（3）代理不同产品的上游经销商都争夺同一个下游经销商，从而发生冲突。

减少此类冲突的关键是：（1）生产企业用更优惠的政策与更完善的服务争取经销商的全力支持；（2）生产企业控制销售终端，不与其他品牌挤在同一级渠道中；（3）生产企业合理规划自己的产品线，区分主打品牌与衍生品牌，避免无谓的内耗。

处理渠道冲突的流程

正如再健康的人也会时不时感冒一样，任何营销渠道都不可避免地会出现上述四类冲突现象。尽管渠道冲突无法完全杜绝，但这种现象在一定程度上是可控的。在特定条件下，适度的渠道冲突反而可能起到激发管理创新的积极效果。当然，前提是渠道管理者能按照下面的流程来妥善处置冲突。

1. 发现冲突

想要及时发现渠道冲突，首先是定期检查营销渠道的运营状况，收集整理各个渠道成员的反馈意见；其次是对营销渠道的目标、战略、市场环境、促销活动等方面进行审计，找出制度、政策、规划上的不合理之处；最后是定期召开渠道成员会议，通过全方位沟通来了解渠道冲突的具体原因。

2. 评估冲突

渠道冲突会对整个营销渠道的运营状况和各个渠道成员之间的合作关系产生消极影响。根据消极影响的大小可以将其分为低烈度渠道冲突、中烈度渠道冲突和高烈度渠道冲突。只有准确评估渠道冲突的烈度，才能选择最合理的应对措施。

3. 解决冲突

通常而言，低烈度渠道冲突与中烈度渠道冲突的危害不算太大，甚至能在一定程度上产生"鲇鱼效应"，激发各级经销商的斗志。对于这两类渠道冲突，渠道管理者可以暂时保持观望姿态。假如冲突规模逐渐减弱，可以无为而治，让冲突双方自己慢慢回归正轨。假如冲突规模不减反增，就要注意加强监控并适时干预。当渠道冲突激化到高烈度水平时，渠道管理者必须及时出手解决，以免冲突波及整个渠道。

化解渠道冲突的办法

化解渠道冲突的基本方法有以下六种：

1. 换位思考

对合作伙伴缺乏了解与沟通是渠道冲突产生的重要原因。彼此都站在自己的角度去抱怨对方的不是，以猜忌为源头的对立情绪很容易造成误会。误会又因为双方沟通不畅而进一步加深，导致冲突不断升级。

这种矛盾的解决之道就是换位思考。换位思考法并不依赖一两次谈心，而是要交换工作岗位来亲自体验对方的难处。具体做法是让冲突双方选派同等级别的管理人员做代表，进驻对方单位以观察对方的工作流程。通过一段时间的观察，互换岗位的"特使"都会对彼此的酸甜苦辣有深切的感性认识。发生冲突的渠道成员在掌握了更全面的信息后，会主动反思此前的冲突行为，与对方求同存异、相互妥协，在共同目标的基础上协商解决纠纷的细节。

2. 领导劝解

领导劝解法是最常见、最基本的冲突调解手段。这种解决办法主要靠生产企业的渠道管理者发挥自己的领导力，劝说冲突双方不要继续针锋相对。通过耐心的劝导让各渠道成员意识到自己的错误，履行各自的义务，承诺不再做出危害渠道的恶性竞争行为，这对渠道管理者做思想工作的水平提出了非常高的要求。假如没有令渠道成员信服的人格魅力，没有在整个渠道中一言九鼎的威信，没有打动人心、鞭辟入里的口才，领导劝解法的实际效果往往不会那么尽如人意。

3. 谈判协商

当渠道冲突无法以劝说调解的方式平息时，渠道管理者可以考虑采用谈判协商法，让冲突双方在自己主持的谈判协商会上共析疑义。调解的本质是相互让步妥协，但有时候妥协只是延缓了利益冲突，并未彻底消除冲突产生的根源。谈判协商法虽然也包括一定的妥协与让步，但更多的是让冲突双方直面问题。在谈判中不断提出解决方案，经过激烈争论后选择在哪些地方坚持立场、在哪些地方可以让步，反复磋商直到双方找到利益平衡点为止。谈判协商耗费的时间与精力相对较多，但可以形成比较完整的解决方案，以解决引发渠道冲突的根源。从长远来看，这种方法解决冲突效果可能更彻底。

4. 第三方仲裁

渠道成员发生冲突时会不可避免地带上更多主观情绪，从而以偏颇、片面的角度看问题。这对解决渠道冲突非常不利，可能会导致谈判协商破裂，让彼此的矛盾变得更加不可调和。在这种情况下，渠道管理者可以申请非渠道成员的第三方势力介入进来，从中调停仲裁。第三方势力与营销渠道没有直接利益瓜葛，可以站在更加客观的角度来发表意见。这更容易取得冲突双方的信任，从而接受第三方的仲裁意见。当渠道管理者无法内部消化渠道冲突的时候，就是申请第三方介入仲裁的时机。若是真到了这一步，说明渠道冲突已经动摇了整个营销渠道的运营安全。

5. 法律诉讼

当冲突的渠道成员既不接受渠道管理者的内部调解，又不服从第三方仲裁时，就只能借助法律途径来解决问题。在法治社会中，通过法律诉讼来解决商业纠纷的案例比比皆是。不过话说回来，法律是一个社会的底线，法庭审判虽然能对渠道冲突做出最终的权威仲裁，但这必然会伤害渠道成员之间的合作关系。以法律诉讼形式解决问题，可以说是没有办法的办法。采取这个手段的时候，要做好与渠道冲突对象结束合作关系的思想准备。

6. 退出渠道

让冲突对象退出这个营销渠道是解决渠道冲突的终极办法。此法可以一举斩断渠道冲突的根源，但会让生产企业彻底断绝与冲突对象的合作关系，而且也会或多或少地对其他渠道成员产生消极影响。不过，假如渠道冲突对象已经招致全体成员的反感，这种办法反而有利于提高渠道成员的凝聚力。

总之，化解渠道冲突要多管齐下，各方成员要共同努力，要做到预防与治疗相结合。平时要健全渠道制度，加强管控力度，保持沟通的畅通度，从源头上减少冲突，这样才能减轻渠道冲突管理的负担，让全体渠道成员继续保持和睦的关系，维护整个营销渠道的健康运转。

▶ 要点回顾

1. 渠道冲突的类型有渠道同级成员之间的冲突、上下游成员之间的冲突、同一市场的多渠道冲突、不同品牌在同一渠道的冲突。

2. 化解渠道冲突的基本流程分为发现冲突、评估冲突和解决冲突三个步骤。

3. 化解渠道冲突的办法有换位思考法、领导劝解法、谈判协商法、第三方仲裁法、法律诉讼法和退出渠道法。

保持渠道的畅通与润滑

如果说企业是一辆汽车，那么渠道就好比是传动装置。传动装置运转不畅，汽车的机动性就会大打折扣。渠道运营磕磕绊绊的话，企业销售服务就会受到负面影响。

假如营销渠道平时能保持通畅和润滑，就能减少很多不必要的渠道冲突。对待渠道应该像对待技术设备一样，勤于保养才能保持良好的工作状态。合理的渠道设计只有在完备的维护下才能发挥最高的效率。所以看似平凡、琐碎的渠道维护工作，是渠道管理不可或缺的重要部分。

从根本上说，渠道维护保障的是整个渠道的总体利益，但具体而言，渠道维护同时还在保护生产企业、经销商、零售商、最终消费者的利益。因此，生产企业做渠道维护的时候，应当注意坚持以下几个目标：

第一，通过维护渠道来树立企业产品的品牌形象，让产品顺利进入市场，得到目标消费者的青睐。

第二，企业通过维护渠道来协助经销商组建销售网络，扩大市场覆盖率。

第三，通过维护渠道来建立生产企业与各级经销商之间的互信机制，巩固渠道成员的合作关系。

第四，通过维护渠道来加强渠道成员之间的相互沟通，共同协商解决遇到的问题，及时化解潜在的渠道冲突。

渠道维护的基本内容

渠道维护需要多部门和多环节的配合，不光是生产企业单方的事，还离不开全体成员的参与。渠道维护工作虽然涉及多个环节与多方势力，但基本内容主要分为四大块：

1. 通过奖励措施来提高渠道成员的忠诚度

经销商对生产企业品牌的忠诚度是建设强大营销渠道的基础。假如经销商的忠诚度偏低，就很容易与其他渠道成员发生冲突。提高忠诚度有助于加强全体渠道成员的凝聚力，而实现这个目标的最佳途径就是对高忠诚度的经销商进行适当的奖励。丰富的奖励措施可以满足经销商不同层次的需求，这将使企业产品对他们的吸引力变得更强。渠道管理者不懂得运用奖励手段，很容易导致渠道成员离心离德，根本无法做好日常的渠道维护。

2. 减轻渠道成员的运营压力

渠道运营总会存在一定的风险，这会给渠道成员带来压力。当运营压力过大时，渠道成员可能会采取不正当竞争手段寻求脱困，也可能会退出这条营销渠道。无论哪种情况，对于组建渠道的生产企业都是不利的。渠道成员的运营压力包括产品滞销压力、市场开拓压力、同行竞争压力、库存管理压力、资金压力等。适度的压力会转化为前进的动力，但过多的压力就成了负担。所以，渠道维护的主要目的就是帮渠道成员减压，让他们能安心开展工作。减压的办法主要就是上一章提到的种种提升销售士气的激励措施。

3. 维护渠道运营的正常秩序

假如一切都能严格按照渠道制度和政策来执行，渠道冲突也不至于产生。但在实际运营过程中，每个渠道成员对制度、政策的理解存在差异，执行力也大相径庭。制度越严密，对各方成员的执行精确度的要求也越高。很多营销渠道由于制度和政策执行不到位导致秩序散漫、管理漏洞多。这种不良情况迟早会给整个渠道带来危机。因此，渠道管理者应当从每个细节开始维护渠道运营的正常秩序，以免大家误入歧途。一旦遇到不严格执行规章、制度、政策、流程的渠道成员，该下狠心纠正时不可手软，不可用人情替代秩序。有些企业由于害怕激化冲突而对渠道运营过程中的不良现象睁一只眼闭一只眼，结果不但没有缓解渠道冲突，反而助长了违规者的气焰，把局面稿得更加不可收拾。

4. 保持渠道物流体系的便捷流畅

物流体系是营销渠道维持正常运转的支柱。只有保持货源的充足稳定，营销渠道才能安全运作。一个物流配送不到位的生产企业，根本无法把产品打入市场。当物流体系遭到破坏时，生产企业无法按质、按量、及时给经销商供货，经销商也无法保证零售商的货源，零售商自然也就无法把产品卖给有需要的消费者。到那时，整个营销渠道就失去了生命力。所以，渠道管理者要高度重视渠道物流体系的日常维护，务求时刻保持这条渠道大动脉的畅通。此外，在发现更符合市场需求的高效物流运作模式时，生产企业应该向整个渠道进行推广。升级渠道物流体系才能让全体渠道成员获得更高的盈利能力，促进企商一体化发展。

由此可见，渠道维护工作几乎涉及了所有经销商的方方面面，不可不慎重对待。

维护渠道时的注意事项

为了更好地完成任务，渠道管理者在工作中应该注意以下几点：

1. 加强自己的责任感与使命感

渠道管理者的职能包括设计渠道布局及渠道政策、开发营销渠道，以及区域市场渠道的维护工作。毫不夸张地说，生产企业的渠道管理者是渠道运营中的关键人物，是协调企业各部门与各级经销商参与维护渠道的枢纽。因此，渠道管理者应以高度的责任感与使命感来监督渠道各方面的状况，及时发现渠道运营过程中暴露出来的问题，并提出有效的解决对策。所以，企业高层在考核渠道管理团队绩效的时候，不能只看他们开发了多少新渠道，还应该考察他们对现有渠道的维护是否到位，以免贪多嚼不烂。

2. 注意保持企商之间的有效联络

由于具体业务往来较多，渠道总负责人自然成了经销商眼中的生产企业代表。当经销商遇到困难时，总是会找渠道总负责人求助。渠道总负责人自己的工作也很繁重，无法及时处理全部问题。但这并不意味着可以把经销商的琐碎要求抛于脑后。要知道，经销商的忠诚度会随着等待答复时间的延长而不断降低。倘若渠道管理者迟迟不能解决问题或给出明确的回复意见，经销商很可能会拂袖而去，退出渠道，这显然是渠道维护中的大事故。因此，渠道总负责人应该跟经销商共同拟定一个责任明确、步骤简明的业务流程指导书。通过这份规范的正式文件来指导各级经销商在遇到哪些问题后应该找哪个部门或哪个人来解决问题，而不是一味地求助于渠道总负责人。这个措施不仅是为了把渠道总负责人从琐事中解放出来，也是为了在经销商与生产企业之间建立全方位畅通的沟通协调机制。

3. 重视渠道数据的整理和分析

发达的信息技术为企业渠道管理提供了很多便利，尤其在数据信息采集方面，可以让渠道管理者实时了解整个渠道目前的运营状况。比如，前面提到的绩效考核与资信管理，都是在大量数据事实的基础上操作的。窜货现象与渠道冲突也可以由区域市场销售额、进货量等数据的异常波动来预判。毫不夸张地说，没有数据支持的渠道维护都是盲目的。重视数据的采集、整理和分析，是当代渠道经理的一项基本素质。所以，渠道管理者应当对企业各部门、各级经销商以及销售终端的数据进行全面梳理，用横向对比或纵向对比等方法来把握市场行情变动，及时察觉渠道运营过程中出现的纰漏。

4. 掌握灵活多样的维护技巧

要做好渠道维护工作，必须讲究方式方法。有的渠道管理者在掌握情况后只是以片面的眼光看问题，以简单粗暴的方式处理问题。这不仅无法起到润滑渠道的作用，还会加深渠道冲突。为了真正保持渠道的畅通与润滑，渠道管理者应当学会"以柔克刚"。比如，通过换位思考来摸清经销商的"痛点"以提供相关技术支持，通过树立先进榜样来劝导其他不严格遵守渠道制度、政策的经销商，通过联谊会、洽谈会、培训讲座等方式表达生产企业对经销商的诚意，通过听取经销商的合理化建议来化解潜在的冲突。

总之，做渠道维护应该坚持三个"有利于"原则：（1）有利于维护全体渠道成员的利益（主要是各级经销商的利益），尊重不同成员的利益诉求，在冲突与合作中实现企商利益平衡；（2）有利于满足消费者的综合需求，企业应当根据消费者的需求变化来调整渠道布局，提高销售终端的服务水平；（3）有利于改善企业与社会各界的关系，务求让企业在非渠道成员的外部合作单位中保持良好的品牌形象。

▶ 要点回顾

1. 渠道维护可从四个方面着手：通过奖励措施来提高渠道成员的忠诚度，减轻渠道成员的运营压力，维护渠道运营的正常秩序，保持渠道物流体系的便捷流畅。

2. 渠道管理者在工作中应当注意加强自己的责任感与使命感，保持企商联络的畅通，重视渠道数据的整理和分析，掌握灵活多样的维护技巧。

3. 渠道维护应该有利于维护全体渠道成员的利益，有利于满足消费者的综合需求，有利于改善企业和社会各界的关系。

实现信息、物流、终端铺货的最适化

渠道维护要与时俱进，融入互联网时代的潮流。要保持渠道的畅通和润滑，不仅靠渠道管理者的协调变通，还应该在条件成熟时升级整个渠道体系，让渠道各环节都达到最适化水平。其中，信息管理机制、渠道物流体系和终端铺货三个环节的最适化调整最为关键。信息管理机制好比是营销渠道的神经系统，物流体系是营销渠道的龙骨，终端铺货环节则是整个渠道的神经末梢。如果能够处理好这三者之间的关系，营销渠道这个生态系统就会变得更有活力，渠道冲突的隐患也将大大减少。

信息管理机制

信息管理机制是渠道管理数据化建设的落脚点，其管理对象是企业运营所需的信息流。

信息流包括产品信息、物流配送信息、经销商信息、消费者信息、渠道运营信息、财务信息、人事信息、促销活动信息等。对于营销渠道而言，信息流与资金流、产品流同样重要。没有信息流的指引，全体渠道成员就会瞬间丧失配合能力，摸不清发展方向。因此，信息流也是盘活渠道的关键要素之一，谁掌握了信息流，谁就获得了决策的主动权。采集、传输、分类、储存、分析信息数据就是信息管理的主要内容。

1. 渠道信息化管理的意义

信息化管理对营销渠道建设有以下意义：

首先，建立一个统一汇总各方数据的综合信息平台，是企业打造未来供应链的重要方向。

未来的渠道竞争主要是供应链之间的竞争。信息管理机制与物流配送体系是供应链的两大支柱。通过建设综合信息平台，供应链上的各个环节将打破原先相对封闭的状态，能借助信息平台的数据共享功能及时了解市场变化，捕捉潜在的商机，优化现有的供应链。

其次，信息管理机制对于改善渠道成员关系，有着不可替代的作用。

巩固合作关系是渠道各成员的共同愿望，但在实践中，企商双方的沟通往往存在重重障碍。由于不能及时有效地沟通，经销商与生产企业常会因某些问题产生误会。尤其是在信息不对称的情况下，企商双方很容易陷入相互猜忌的僵局，只顾自家利益而不管渠道整体发展，让矛盾越积越深。前面提到渠道管理者要致力于建设企商互信机制，要做到这点，离不开商业信息共享。而信息共享恰恰是信息管理机制设立的初衷之一。

最后，优化对信息流的管理，有利于决策者做出正确的渠道决策。

传统渠道因为信息化水平较低，往往是一个月才汇总一次数据信息。数据更新周期长导致渠道管理者获得的信息严重滞后，完全不能跟上瞬息万变的市场行情。这样一来，企业的决策很可能偏离市场的最新动态，让渠道运营出现更多弊端。于是渠道维护成本就大大增加了。

2. 渠道信息管理的基本模块

不同企业的渠道信息管理机制会使用不同的软硬件工具与管理流

程。但无论是什么模式的信息管理机制，都包括以下五个基本模块：

数据发送——数据发送包括数据上传、下载、传递等。如今许多企业已经实现了办公自动化，并开始用同一格式的电子文件代替纸质文件传递报表、单据等信息。数据发送功能是否强大是衡量渠道综合信息平台建设水平的重要指标。

数据转换——商业数据来源于多个渠道与对象，数据的形式和内容必然存在差异。信息管理机制通过数据转换来统一信息形式，让信息使用者能一目了然。

数据整合——这个模块的作用是过滤掉重复或无用的信息，以免关键数据被大量垃圾数据所淹没。

数据分析——综合信息平台把数据信息统一输入到相关的数据分析工具，从大量数据中解读渠道运营的各方面情况。

数据交流——根据数据分析结果形成初步指导意见，并通过综合信息平台与各个渠道成员进行沟通交流，共享商业情报，共同协商需要解决的问题。

渠道物流体系

经过信息化管理改造的营销渠道，就好比是打通了全身经脉的习武之人，能够以更高的效率维持正常的运营状态。尤其是渠道物流体系可以借助信息化管理来实现所有物流环节的最适化发展。

渠道物流体系的最适化是以七个要素的最适化为前提的。这七个要素分别是数量、产品、时间、地点、条件、用户和成本。

数量的最适化是指产品数量与合同规定一致，假如数量少于或多于规定就会增加物流环节的工时和成本。产品的最适化是指供货种类准确，如果出现差错就是无效物流。时间的最适化是指准时交货，延迟交货意味着物流效率低下。地点的最适化是指确保产品送达正确的指定地点。条件的最适化是指在达成协议的前提下尽可能满足客户对物流工作的附加条件及要求。用户的最适化是指物流人员把产品送达指定客户手中并做好监督签收工作。成本的最适化是指渠道物流在保持工作质量的前提下减少物流成本。

根据这七个要素的最适化要求，渠道管理者应该注意从运输方式、原料及市场需求预测、库存管理、物流沟通、物料处理、订单处理、产品包装、服务支持、采购供应、退换货处理、仓储建设、回收各类废弃物等环节来维护物流体系。

终端铺货管理

信息管理机制与渠道物流体系的建设与维护，最终是为销售终端服务的。销售终端是产品从生产企业到消费者手中的最后一关。销售业绩能否提上去，在很大程度上取决于终端铺货管理。因此，对终端铺货管理机制的维护也是渠道管理者的一大工作重点。

终端铺货的常规流程是：（1）设立终端铺货制度和负责机构；（2）划分终端铺货区域；（3）为铺货进行宣传造势；（4）制定渠道终端铺货方案；（5）在首次铺货和促销后及时跟进二次铺货；（6）进行终端维护。

终端铺货的维护工作主要由生产企业的销售人员来负责。数据信息整理是一项基本维护内容，具体包括及时记录和整理各个终端的促销政策、结算时间、进货规模、产品陈列标准以及竞争对手情况。这些资料都是宝贵的商业数据，应当形成动态的终端档案并上传到渠道综合信息平台。此外，渠道管理者应该在此基础上对不同类型的终端市场制定相应的终端维护标准与流程规范，以指导一线销售人员做好日常的终端维护工作。

从某种意义上讲，铺货就是让产品在销售终端抢滩登陆。只有产品站稳了脚跟，才能获得真正的市场份额。企业要想实现终端铺货的最适化，就要在日常渠道维护过程中设法化解铺货阻力。具体操作可从以下方面着手：

1. 对销售终端所在的目标市场进行充分调查

铺货的直接目的就是为了让产品与最终消费者见面，引起他们的购买兴趣。因此，企业在铺货前应该先调查好目标市场的情况，比如该区域消费者的年龄分布、职业分布、购物习惯、产品喜好等。除此之外，还要将该区域销售终端与其他终端的情况进行对比，这样才能准确把握目标市场的特征，制定有效的铺货方案。

2. 采取点线面结合的铺货方式来扩大销售终端覆盖面

以优质的铺货点为根基，再借助大型零售终端或榜样店来连点成线，最终打通各条线形成铺货面。这种层层递进的铺货方式，主要通过优质零售终端的示范力量来带动其他终端参与铺货。如此一来，企业渠道的终端销售网点就能在目标市场不断扩张。

3. 改进铺货管理流程，让维护工作变得标准化、规范化

铺货管理制度包括市场铺货作业内容、销售人员的铺货拜访步骤、铺货周期管理工作几个板块。健全的铺货管理制度可以减少工作失误，实现铺货效果最大化。

信息管理、物流管理、终端渠道管理都是渠道维护中不可缺少的部分。通过加强对这些环节的管理和维护，企业可以提高对整个营销渠道的控制力，让渠道运营从头到尾变得更加规范有序。当渠道上下游各环节达到最适化水平时，渠道冲突就会降到最低程度，运营效率则会更上一层楼。

▶ 要点回顾

1. 信息化管理是企业打造未来供应链的重要方向，是改善渠道成员关系的重要途径，是整合商业信息流的重要工具。

2. 信息管理机制包括数据发送、数据转换、数据整合、数据分析、数据交流五个基本模块。

3. 铺货流程包括设立铺货机构、划分铺货区域、宣传造势、制定铺货方案、及时进行二次铺货、维护终端等环节。

头号公敌名叫"呆坏账"

从理论上讲,销售量的增长会给企业带来利润,让营销渠道进一步发展壮大。但在实际操作中,销售业绩好的营销渠道不等于前途光明,一旦遇到了绊脚石就可能沦为"泥足巨人"。那块绊脚石就叫"呆坏账"。"呆坏账"是个合称,包含了"呆账"与"坏账"两个不同的概念。

"呆账"与"坏账"的区别

"呆账"是一种应收账款,而且因对方拖欠而未能在偿付期限内收回。在渠道运营过程中,经销商可能会拖欠款项,有的企业应收账款在超过约定的偿付期限三个月以上时依然无法确定能否顺利收回。这时候,企业的财务部门就会将其列入"呆账"范围。由此可知,这笔收益一天不回到企业手中,企业的资金压力就会多持续一天,运营风险也会逐渐增加。

"坏账"比"呆账"更加麻烦,是由于种种原因无法收回或者收回的可能性微乎其微的应收账款。比如,合作方遭遇突发情况、恶意拖欠回款、经营不善导致破产等因素都会给生产企业带来"坏账"损失。这笔已经确定拿不回来的钱会被财务部门列入"坏账"范围。"坏账"吃掉了企业本应获得的一部分盈利，增加了资金的运营成本以及企业的财务风险。

"呆账"与"坏账"的主要区别是，"呆账"是暂时没能收回的逾期应收账款，"坏账"是确定无法收回的应收账款。但随着应收账款被拖欠的时间不断延长，"呆账"有很大的概率转变为"坏账"。尽管"呆坏账"的具体影响会因为行业特性与渠道政策的差异而有所不同，但在本质上，任何形式的"呆坏账"都会给企业造成消极影响。有些企业的销售业绩达到历史新高，却因"呆坏账"严重而没拿到多少实际利润。

"呆坏账"产生的原因及影响

在渠道运营过程中，生产企业的"呆账"主要来自于经销商的拖延贷款行为。

资金周转在商业运作中至关重要，不少原本如日中天的知名企业因为资金链断裂而一朝破产。如何管控好资金风险也是企业管理的重要内容。但经销商的想法和生产企业一样，都千方百计地转移资金压力，来降低自己的运营风险。由此可能出现两种现象：第一，经销商确实销售业绩不佳，为了维持运营而拖欠企业的账款，同时还向企业申请促销费用支持；第二，经销商运营状况正常，有能力及时还款，但为了把自己的资金压力转嫁给别的渠道成员，故意拖延偿付账款的时间，这样一来，经销商就能让这笔钱在周转过程中为自己带来更多利润。

无论是哪种情况，对企业来说都是非常不利的。"呆账"增加了资金成本，导致销售利润缩水。当企业的税前销售利润率越高时，"呆坏账"吃掉的利润绝对值也越大。其中，"呆账"只是造成实际利润缩水，"坏账"则是板上钉钉的实际利润损失。更糟糕的是，"呆坏账"带来的损失很难用正常经营的收入来弥补。这就意味着生产企业不得不通过额外增加销售额来弥补经济损失。

在销售额与净利润数值相同的情况下，现款现货的支付方式的赊销成本为零，能带来最高的净利润率。

"现款现货+n%折扣"的支付方式虽然会增加赊销成本，但也能保持较高的净利润率。

无折扣30天付款的支付方式的赊销成本比前一种方法要低一些，净利润仅次于无折扣现款现货，高于"现款现货+n%折扣"。

无折扣60天付款的赊销成本高于30天付款模式，净利润率更低。无折扣90天付款也是朝着赊销成本增加、净利润率降低的方向变化。

当"呆账"出现后，企业在很长时间内只是在负担赊销成本，净利润率为0。如果回款拖延太久，企业本次交易就容易变为亏损。由此可见，账期越长的渠道政策，利润损失也越多。这就是为什么"呆坏账"可以拖垮生产企业的根本原因。

现款现货是最理想的交易方式，没有积压的货款自然也就很难产生"呆账"和"坏账"。终端销售主要采取这种账款支付形式，但渠道运营的情况不同，基本上无法做到100%的现款现货。各级经销商的进货量大、运作过程较为复杂，都会不同程度地要求生产企业提供资金方面的支持。除了促销费用、年终返利、专项奖励等直接的资金支持外，主要支持方式就是宽限还款时间。

对于生产企业来说，回款越及时越有利。但对于经销商而言，回款期限越长就能赚取越多的额外利润。企商双方的利益不同，必须找到一个平衡点才能巩固渠道合作关系。这个平衡点就是生产企业不苛刻要求所有经销商都执行现款现货政策，而是按照30天账期、60天账期、90天账期等变通方式交易，或者用折扣优惠来鼓励经销商执行现款现货。

在这个大前提下，企业只能放弃强制要求现款现货的思路，另辟蹊径来预防"呆坏账"。

预防"呆坏账"的措施

根据商业实践，预防"呆坏账"的基本措施主要有七种：

措施一：选择信誉良好的优质经销商

挑选经销商的方法前面已经有详细说明，在此不再赘述。需要强调的是，优质经销商不仅仅指商业信誉良好、没有拖欠货款的不良记录，还要具备按期完全偿付账款的经济实力。当然，这类经销商也可能遇到发展瓶颈，但职业操守会促使他们不惜付出代价也要在期限内偿还货款，以保持自己的业界口碑。

措施二：加强对渠道过程的管控

渠道过程管控的内容前面已有所论述。需要补充的是，渠道过程管控是一个涉及渠道运营方方面面的系统工程，合同、层级、发货、销货、存货、物流配送、制定价格、渠道冲突等领域的管理都应包含在内。

措施三：严格资信管理

企业应当定期对经销商进行资信等级评比。在交易前注意收集和分析经销商的信用状况，制定资金回收预算，确认经销商的债务，整理月欠费客户名单等。在交易中通过规范的催欠流程来执行收账业务管理细则。在交易后建立风险诊断报告制度，收账管理小组要采取风险预警，上报主管、经理，并及时指导下属员工控制危机。通过加强对事前、事中、事后三个环节的资信管理，企业可以有效降低"呆坏账"的产生概率。

措施四：提防商业调货行为

有些经销商主观上并没有拖欠账款的想法，可是由于调货过多而导致滞销，大量产品积压在仓库卖不出去，赚不回利润且不得不投入更多的仓储管理成本，实在拿不出太多现金来支付账款。这就需要生产企业对自己产品的市场容量和渠道的整体销售能力做出准确的判断，而不能一味听信经销商的判断。有时候，经销商可能因误判形势而购入超出市场容量的货，这必然会留下"呆坏账"的隐患。

措施五：在调换货过程中严格落实发票管理

渠道运营中的货物与金钱交易十分频繁，发票是这些商业活动的重要证明。生产企业应该养成"发货开票，不见票不交货"的好习惯，在一切调换货活动中坚持严格的发票管理制度。这不仅是渠道管理规范化的表现，也能通过发票检查出渠道管理中的纰漏以及相关责任人。

措施六：定期与经销商、合作银行进行三方对账

核对账目是财务管理的主要手段，也是预防呆坏账产生的防火墙。生产企业应该在每个月或每个季度与各级经销商、合作银行进行三方对账，以此来检查经销商的财务风险状况，从而判断将来是否会出现呆坏账问题。这种定期检查制度也有促使经销商完善财务管理制度的功能。

措施七：对回款意识薄弱的经销商进行批评教育

那些拖欠账款的经销商往往有以下心态：（1）大公司不在乎这点小钱，不及时回款也影响不大；（2）拖延货款相当于我多了一笔无息贷款，多拖一天是一天；（3）我先用这笔货款进货，扩大销售之后再还也不迟；（4）对方也不至于为了一笔延迟付款而终止合作。对于经销商的这种心态，生产企业应当在业务培训或其他沟通场合中进行批评教育，并在出现呆坏账苗头时采取一定的处罚措施。

▶ 要点回顾

1. "呆账"与"坏账"是两个概念，前者是偿付期限已过却未能顺利收回的应收账款，后者指的是基本无法收回的应收账款。

2. 企业可以从选择信誉良好的优质经销商、加强对渠道过程的管控、严格资信管理、提防商业调货行为、在调换货过程中严格落实发票管理、定期与经销商及合作银行进行三方对账、批评教育回款不力的经销商七个方面预防"呆坏账"。

第八章
团队建设——"护渠人"的职业修养

渠道管理牵扯的范围非常广，这对管理者提出了更高的能力要求，特别是企业的渠道经理。渠道经理需要丰富的专业知识，足以说服经销商与公司其他部门来支持自己的计划。与此同时，渠道经理要学会从多角度看问题，具有出色的组织协调能力与沟通表达能力。

渠道管理者的综合素质模型

对于生产企业而言，选择合适的人才来担任渠道经理是建设新渠道的第一要务。只要选对了团队带头人，接下来就可以围绕前述的工作要点来逐步打造完整的营销渠道。由前面的章节可知，渠道管理工作充满了变动性与复杂性，对管理者提出了很高的能力要求。渠道经理作为公司渠道管理部门的带头人，更需要拥有与岗位相匹配的职业素养。

渠道管理者的职业素养是由基础工作能力与渠道管理专业技能两大部分组成的。

渠道管理者的基础工作能力

1. 沟通表达能力

主要是指谈判、倾听、写作三种能力。渠道管理者不仅要和公司各部门打交道，还要经常与各级经销商、零售商、VIP终端客户交流。不善于沟通的人是无法胜任这项工作的。所以渠道管理者应该具备良好的谈判口才，让沟通对象能清楚地了解自己想表达的内容。与此同时，渠道管理者还应该耐心倾听对方的观点，哪怕是遇到质疑和抱怨，也应该保持优雅的涵养继续倾听。这样才能找出原因，解决问题，与对方达成共识。此外，渠道管理者不能只会说和听，还得善于写。无论是拜访客户用的书面材料，还是制定渠道制度、政策、流程形成的正式文件，都应该做到思路清晰、逻辑严谨、纲举目张、通俗易懂，这样才便于渠道成员执行。

2. 思维理解能力

思维理解能力包括逻辑分析能力、观察能力、联想能力、解读能力等。渠道管理中的诸多现象都有其成因，需要管理者开动脑筋去寻找各种现象之间的联系，从而对当前的渠道运营状况有准确的认识。管理工作本质上就是发现问题和解决问题。没有出色的思维理解能力，就不能从纷繁散乱的信息数据中看出问题的关键，也就无从找到解决疑问的钥匙。思维理解能力较弱的渠道管理者不善于把握事情的本质，往往想不出妥善的解决办法，只是一味凭感觉蛮干。这必然会引发许多不必要的渠道冲突，对全体渠道成员造成负面影响。

3. 组织协调能力

渠道是由多方成员共同构成的，大家都是独立的经济组织，观念与利益诉求肯定会存在分歧，合作空间与矛盾冲突往往是并存的。从某种意义上说，组织协调能力是渠道管理者最重要的基本能力。渠道管理工作千头万绪，需要制订各自的目标和计划，还得协调各方行动、组织大家共同完成目标。大方向要想得透，小细节要拎得清。当制度政策执行不到位、团队士气低落、渠道成员发生冲突时，渠道管理者要挺身而出，克服困难，调解矛盾，设法把全体成员引导到共同的渠道目标上。这一切都考验着渠道管理者统筹安排各项人、事、物的魄力与手腕。

4. 学习能力

在发展越来越快的当代社会，知识技能的更新速度比我们想象得更快。假如渠道管理者因循守旧，很可能被新形势催生的新问题所打败。所以，优秀的渠道管理者必须树立终身学习的思想，不断学习前沿的渠道管理知识与其他理论知识，让自己的视野和思路更加开阔，提升个人的综合素质。

渠道管理者的管理专业技能

上述四种基础工作能力在各个行业都是相通的。一个职场新人有没有发展潜力，取决于其基础工作能力的强弱。但想要成为专家的话，不仅需要扎实的基础工作能力，还应该熟练掌握以下几种渠道管理专业技能：

1. 市场调研技能

市场调研技能，即考察当前市场行情与潜在商机的技巧。渠道管理者应当充分了解目标市场的容量、现有格局、消费水平、竞争对手状况、政府政策等方面的信息，为推销产品和建设渠道提供准确的依据。尤其是市场行情发生较大变动时，渠道管理者应当对比目标市场的历史信息，分析出行情的变化走向，以便及时调整产品销售方案与渠道布局。

2. 相关产品技术知识

相关产品技术知识，即对本公司推广的产品及技术知识的了解程度。产品的性能、优缺点、价位、特色、市场定位、同类竞争产品等情况，决定了营销渠道的长度、宽度、广度应该怎样设置。渠道管理者必须对企业产品线有全面的了解。唯有这样才能说服各级经销商、零售商接受生产企业制定的渠道政策，才能帮各渠道成员制定更合理的销售活动支持方案。特别是在开拓新渠道阶段，渠道经理对产品和技术的熟悉度也是促成商务谈判成功的基本条件。

3. 渠道规划技能

渠道规划技能，即规划渠道布局组合与设计渠道政策的技巧。渠道经理是营销渠道的设计者与主要建设者，必须熟悉现代企业的渠道运营模式，弄清企商各方对营销渠道的性能要求。同时还要学会根据产品类型、发展阶段、区域市场环境的差异来选择最适宜的渠道结构与渠道政策。假如渠道经理的规划设计能力不强，营销渠道体系就会出现先天不足，难以保障渠道成员的利益。

4. 项目管理技能

项目管理技能，即领导项目团队完成相关项目任务的技巧。一条营销渠道中往往包含若干大项目，这些大项目又可以分解为细化的子项目。渠道各成员就是围绕这一个个产品或工程项目来进行合作的。渠道运营工作的基本内容就是调动各种资源来完成这些项目。项目管理涉及多部门、多单位合作，非常考验渠道管理者的组织协调能力。

5. 渠道激励技能

渠道激励技能，即用各种激励措施提高渠道成员工作积极性的技巧。在渠道运营过程中，产品销售和市场开拓受阻是常见现象。这无疑会打击企业销售团队与经销商的士气。为了突破事业瓶颈，渠道管理者必须采取一些激励措施来帮助渠道成员努力完成目标。

6. 渠道维护技能

渠道维护技能，即维持渠道正常运营秩序和化解渠道冲突的技巧。"完美的制度+糟糕的执行"还不如"普通的制度+完美的执行"更有效。制度运转的关键是每个环节都遵循正常的秩序。越是精密的制度，越容易因为一个环节的混乱而引发全盘失序的恶果。渠道框架搭建起来后，执行就成了渠道管理的头等问题。渠道各成员在运营中肯定会因为利益差异而产生摩擦，这就需要渠道管理者像润滑剂一样把这些不安因素妥善解决掉，从而保持渠道秩序的良好运转。假如渠道维护能力不足，渠道管理者很容易被渠道冲突吞没，导致企业逐渐失去对营销渠道的控制。

7. 营销策划技能

营销策划技能，即利用各种营销手段来提高渠道销售业绩的技巧。建设渠道的最终目的是销售产品。渠道管理者不仅要照看好渠道流程，还应该努力赢得目标区域市场中的渠道竞争。通过策划各种营销活动来帮助渠道成员扩大市场影响力、提升销售业绩，以赢得市场中的渠道竞争，这也是渠道管理者义不容辞的使命。

渠道经理的职业生涯规划

四种基础工作能力与七种渠道管理专业技能共同构成了渠道管理者综合素质模型。渠道管理者应该围绕这些方面不断锤炼自己，提高自己对企业渠道的管控能力。一名优秀的渠道经理，其职业生涯规划大致可以分为三个阶段。

第一阶段：新手入门

在这个阶段中，作为渠道管理新人的你应该努力学习渠道管理相关知识，主要是公司的产品和技术知识、市场调研方法、渠道基本运营流程、商务谈判及客户拜访技巧、客户投诉处理知识、营销策划知识等。通过业务学习与基层实践，初步形成与经销商谈判的能力以及向客户展示公司产品的能力、评估渠道运营状况的能力、调查市场动态的能力。此时的渠道管理者还不具备独立完成工作的水准，应该多向渠道团队领导学习和请教。

第二阶段：独当一面

此时的渠道管理者已经熟练掌握了各种业务知识，并且对公司渠道的大小事宜了然于胸。可以独自与经销商洽谈合作问题并签署合同协议，并根据市场行情与公司战略进行渠道规划。在此阶段，渠道管理者会成为各级经销商最重视的生产企业联络对象，应该注意保持与全体渠道成员的畅通交流，及时解决他们的疑惑。由于已经具备了独当一面的能力，公司一般会授予渠道管理者较大的自主权，并让他带领渠道团队。作为渠道部门负责人，应该围绕"抓战略"与"带队伍"两个方面来提高自己的综合素质。

第三阶段：行业标兵

进入这个层次的渠道经理不仅深受全体渠道成员信赖，还成为整个业界的楷模。他们对渠道管理的认识达到了更高的境界，对未来渠道发展有着前瞻性理解。对于本阶段的渠道管理者来说，仅仅做好本单位的渠道运营工作已经不能满足他们的自我实现需求。推动渠道管理理论与实践方法的变革是他们的新追求。

▶ 要点回顾

1. 渠道管理者综合素质模型主要包括四项基础工作能力（沟通表达能力、思维理解能力、组织协调能力、学习能力）与七项渠道管理专业技能（市场调研技能、相关产品技术知识、渠道规划技能、项目管理技能、渠道激励技能、渠道维护技能、营销策划技能）。

2. 渠道管理者可以把职业生涯规划分为三个阶段，第一阶段是新手入门，第二阶段是独当一面，第三阶段是行业标兵。

商务谈判及处理客户投诉的窍门

拜访客户是渠道管理者的日常工作之一。这里的客户主要指渠道客户，即经销商或代理商，尤其是一级经销商或总代理商。渠道管理者拜访客户是生产企业与经销商的主要沟通方式，拜访目的无外乎了解情况与协商问题。为此，渠道管理者必须具备合格的商务谈判能力，否则无法圆满完成客户拜访任务。

客户拜访的基本流程

客户拜访流程包括拜访前、拜访中、拜访后三个阶段。通常而言，渠道管理者的拜访对象包括经销商和二级经销商、零售终端、公司销售部门等，前两者是外部成员，应作为拜访的重点。

在拜访前，渠道管理者应该做好这些准备：（1）明确本次拜访的目的，列出需要与拜访对象商谈的问题；（2）准备好近期的渠道销售情况报告和其他客户所需的共享资料；（3）对每个拜访对象的实力、作风、表现、与公司的关系、可能提出的要求有个大致的了解；（4）与拜访对象约定见面的时间和地点，简要说明来意。

到了正式拜访环节，渠道管理者跟客户商谈的内容应该围绕三个基本话题来展开。

首先，双方应该就当前渠道运营、产品销售以及销售区域的情况进行友好交流。这既是为了通过沟通来掌握渠道客户眼下的发展状况，也是在调查客户对今后销售工作的看法。因为，企业渠道政策主要是根据经销商的销售活动来制定的，而渠道管理者要想弄清经销商的打算，最直接的信息搜集途径就是拜访客户。

其次，渠道管理者应该主动与客户谈论目标消费者对企业产品的态度，以及竞争对手在目标市场中的表现。经销商是企业渠道竞争的重要环节，而且往往不止代理一家生产企业的产品。所以，渠道管理者要通过了解这些情况来判断经销商对产品销售的热情，以及阻碍销售业绩增长的主要因素。

最后，双方应该对当前产品销售工作中存在的问题进行洽谈，并商议出解决的办法。解决问题是拜访客户活动的根本目的。渠道管理者不应该把拜访客户当成例行公事的"走过场"，而应该抱着帮客户排忧解难的想法去做这项工作。敷衍了事的态度只会让客户对生产企业感到不满。

商务谈判的注意事项

拜访客户的过程也是商务谈判的过程。商务谈判的基本流程包括谈判准备、制定策略、谈判开局、阐明观点、讨价还价、达成协议等环节。在谈判过程中，渠道管理者应该注意以下原则：

第一，思路清楚，态度友好。谈判者要掌握好说话的节奏，语气不能生硬，紧扣讨论要点，让对方感受到我方的合作诚意与职业素养。

第二，坚持公司的原则和立场。谈判就是一场企业与客户之间的利益博弈。尽管成功的谈判少不了相互妥协，但要坚持自己的核心利益，就不能把主导权交给他人，只能在不影响大局的方面做出适当让步。

第三，不能轻易暴露自己的底线。过早亮底牌是商务谈判的大忌。当对方得知我方底线后，会趁势漫天要价，迫使我方做出更多让步。这无疑是个极为不利的结果。

第四，注意倾听，摸清对方的想法。有时候，耐心倾听比天花乱坠的说服更容易赢得对方的信任。商务谈判的本质是找到彼此利益的平衡点，从而实现共赢格局。因此，渠道管理者应该注意倾听客户的心声，找出他们能够接受的方案，这样才能提高商务谈判的成功率。

客户投诉的分类与处理原则

在拜访客户时，最让渠道管理者感到棘手的就是客户投诉。这也是对抗性最强烈的一种谈判。谈得好，客户就会重新认可企业；谈崩了，客户不但会退出渠道，还会传播关于企业的负面评价。假如渠道管理者不能处理好客户投诉，就很难维持渠道的正常秩序和企业的品牌形象。

处理客户投诉之前先要弄清楚投诉的类型。客户投诉按照内容差异可分为对产品质量的投诉、对服务态度的投诉、求助性投诉、咨询性投诉、发泄性投诉等类型。

其中，求助性投诉和咨询性投诉比较缓和，主要是客户希望企业帮助其解决疑惑，不一定怀有对立情绪。只要渠道管理者能热情解答和援助，就能取得客户的信任和支持。发泄性投诉则是客户怀着强烈的不满情绪要求企业解决某些问题。假如能用良好的态度应对，可以很快安抚客户的情绪。对产品质量与服务态度的投诉，需要引起渠道管理者的重视。不仅要妥善处理好客户的情绪，满足他们的合理要求，事后还应该加强对产品质量与服务机制的管控。

　　不管是哪一种客户投诉，行为动机无外乎发泄不满、寻求尊重、期望补救这三种心理。所以，渠道管理者在处理客户投诉时要注意观察对方的主要动机是什么。

　　对于以发泄不满为主要动机的客户，渠道管理者应该耐心开导，让对方把怒气释放出来，从而回归心理平衡状态，这样就能解决一半的问题。对于以寻求尊重为主要动机的客户，渠道管理者要诚恳地表示歉意，用温和谦逊的态度满足对方的自尊心。对于以期望补救为主要动机的客户，最好的处理方式是尽快落实物质赔偿，对暂时无法满足的要求表示歉意。

　　最后，渠道管理者在处理客户投诉时不仅要遵守投诉处理流程，还应当牢记以下原则：

　　1. 及时处理原则

　　客户投诉是为了尽快获得企业的补救措施，补救行动越迅速，客户的满意度就越高。反之，企业迟迟不行动的话，客户会变得怒不可遏。所以，处理客户投诉的首要原则就是时效，要尽可能提高投诉处理流程的完成速度，减少客户的等待时间。假如一时无法快速解决，千万不能以走流程为由而把客户晾在一边。渠道管理者也应该及时向客户致歉，安抚对方的情绪。

　　2. 适当沉默原则

　　对于企业来说，客户投诉是一种对抗行为。有些渠道管理者由于沉不住气而与客户争论。这对解决问题有百害而无一利。虽然有时候客户会提出一些过分要求，说一些不堪入耳的话，但渠道管理者应当具有良好的职业素养。在客户抱怨时先静静地倾听，从对方的话语中判断出其真实的利益诉求，这样才能节省精力、有的放矢。

3. 换位思考原则

渠道管理者在处理投诉时应当表达对客户的理解。当企业能站在客户的立场上看问题时，投诉者就会感到自己被尊重，将心比心，从而减少一部分怒气，这有利于问题的解决。而且换位思考的最大好处就是能帮渠道管理者迅速找出客户不满的根源，想出能让对方满意的解决办法。

4. 注重证据原则

遇到客户投诉时，渠道管理者不能不分青红皂白地处罚被投诉员工，也不能把投诉者拒之门外。在事情没调查清楚前，渠道管理者只能安抚客户的情绪并表示愿意积极解决问题，而不能草率地做决定。等把问题的来龙去脉调查清楚后，如果责任确实在企业一方，就以真诚的道歉和及时的补偿措施寻求客户的谅解。如果企业一方并无过错，纯粹是客户自己的责任，应当不卑不亢地拒绝一切不合理要求。此外，渠道管理者还应该注意投诉者此前是否有不良投诉记录，以防有人寻衅"碰瓷"。

5. 公开透明原则

投诉处理过程应该做到公开透明，让客户明确投诉流程进展到了哪一步，什么时候能得到正式答复。客户的大半不满来源于等待过程中的焦虑心情。不公开透明的投诉处理流程会增加客户对企业的不信任感。假如渠道管理者能明白无误地告诉客户当前的投诉进展，让对方明白处理结果延期的原因，那么大多数客户也是会接受这个结果的。因为这满足了他们对知情权的要求，而获得知情权对于客户来说也是一种被尊重的表现。

6. 合理补偿原则

当客户因企业产品或服务造成物质利益损失或时间成本损失时，企业最该做的就是在致歉的同时做出相应的赔偿。具体赔偿标准应该在制定渠道投诉处理流程时以正式文件形式发布，以便为客户的投诉处理提供制度依据。这不仅是渠道管理规范化的表现，也能最大限度地减少客户对企业的不满。赔偿形式除了现金之外，还可以用免费提供增值服务等多种形式来完成。

7. 真诚守信原则

处理客户投诉的本质是修复客户与生产企业之间的裂痕，重新巩固双方的合作关系。因此，真诚守信原则是处理客户投诉的根本原则。渠道管理者应当运用各种手段让客户感受到企业的诚意，重新对企业产生信任。要做到这点，渠道管理者要避免做出任何企业无法兑现的承诺，在力所能及的范围内做到言必行、行必果，这样就能挽回企业在客户心中的形象。

▶ 要点回顾

1. 商务谈判主要包括谈判准备、制定策略、谈判开局、阐明观点、讨价还价、达成协议等环节。

2. 客户投诉可分为对产品质量的投诉、对服务态度的投诉、求助性投诉、咨询性投诉、发泄性投诉等类型。

3. 处理客户投诉要注意遵循及时处理、适当沉默、换位思考、注重证据、公开透明、合理补偿、真诚守信七个原则。

整合内外部团队，力求找到最佳渠道

渠道管理离不开团队建设。狭义的渠道团队指的是公司内部的渠道管理团队，即生产企业的渠道部门全体成员。广义的渠道管理团队则分为内部渠道团队与外部渠道团队。前者同狭义的渠道团队，后者则是由各渠道成员（各级经销商、终端零售网点）高层代表组成的渠道运营团队。从某种意义上说，组建这两种截然不同的团队，是做好渠道管理的根本。因为任何制度都是由人制定、由人执行的。如果渠道管理团队的素质跟不上，再好的渠道也要被拖垮。

内部渠道团队的建设问题

在一个制度健全的生产企业中，渠道部门是建设和维护各条营销渠道的主导力量。渠道管理团队的规模一般在数人到数十人之间不等，具体大小要结合公司的发展情况来定。比如，企业发展战略、产品类型、产品生命周期、产品线建设、销售规模、财务状况等因素，都会对渠道部门的编制大小产生影响。但无论人数多少，内部渠道管理团队都应该由战斗力出色的专业精英组成。

一个优秀的渠道管理团队，应该经得起以下几个方面的考验：

1. 团队领导者具备过人的综合素质

我们在前面的渠道管理者综合素质模型中提到，渠道团队领导者应当具备四种基础工作能力——沟通表达能力、思维理解能力、组织协调能力、学习能力，以及七种渠道管理专业技能——市场调研技能、相关产品技术知识、渠道规划技能、项目管理技能、渠道激励技能、渠道维护技能、营销策划技能。这些都是对团队领导者的能力要求。

2. 其他员工有较强的业务能力

渠道管理是一项系统工程，需要多人团队协作。假如渠道部门经理单打独斗能力强而其他员工水平差，只能说明领导者带队伍的能力不尽如人意。优秀的渠道管理团队应该是"强将手下有精兵"，每个员工都有自己的一技之长，并且能与其他同伴默契配合。只有这样，渠道经理才能向渠道各环节投放本部门的业务精英，确保整个渠道的有序运转。

3. 渠道部门具有明确的发展规划

公司的渠道建设规划主要由渠道部门来制定，而渠道部门自己也应该有本部门的发展目标。渠道规划能力是渠道管理者综合素质模型中的一项重要指标。渠道经理不仅要做好企业营销渠道的布局规划，还要制订内外部渠道团队的发展规划。特别是对内部渠道管理团队的发展壮大与新陈代谢，应该有一个清晰可行的建设方针。否则团队成员就会对自己未来的发展感到迷茫，无法保持足够的工作热情。

4. 渠道业务管理制度较为完备

一个优秀的渠道管理团队应该摒弃随意性较大的"人治"模式，而坚持公开透明、严谨有序的"法治"模式，否则，就会陷入过于依赖个人经验办事的瓶颈。渠道管理制度建设应该是由内而外的。首先，把渠道部门的业务管理制度做细致，然后，制定整个生产企业的渠道业务管理制度，最后，完善与各级经销商之间的业务管理制度。有了完备而细致的业务管理制度，渠道团队成员才能按照明确的规章制度办事。

5. 渠道运营流程规范化

渠道运营流程不规范会导致渠道成员各行其是、各个渠道环节衔接不良，这是引发渠道冲突的重要原因。规范的运营流程有利于企商各方相互监督，建立互信机制。由于渠道成员可以在更透明的规则与更规范的标准下进行分工协作，整个渠道运营的效率肯定会有所提升。因此，优秀的渠道管理团队必须制定出一个全体渠道成员都遵守的运营流程，务求让公司内部员工与外部渠道成员按照流程规定来处理各种日常问题。规范化流程可以把大家从琐碎的日常管理中解放出来，这样才能省下更多的精力去思考更重要的事情。

6. 部门绩效考核体系科学合理

绩效考核体系的本质是用利益激励引导大家按照公司的要求来努力工作。当组织需要发展哪个方面，绩效考核指标就会往哪个方面倾斜。渠道管理是一项复杂的工作，不能只简单地看销售量多少，还应该综合考核其他方面的综合表现。假如单纯以销售业绩为纲，团队成员有可能会重销售而轻客服、重推广而轻维护。有的人为了提高个人的销售业绩，甚至不惜与其他渠道成员进行恶性竞争（比如公司内部员工串通某些经销商跨区域"窜货"，侵害该区域经销商的利益）。从本质上说，这都应该归咎于不合理的绩效考核体系。假如渠道部门的绩效考核指标脱离实际，哪怕团队成员再精锐，迟早也会沦为一盘散沙。

7. 团队凝聚力强，成员关系融洽

内部矛盾重重的渠道团队是无法胜任渠道管理工作的。理想的团队

关系是所有成员在同心同德的基础上有着保持良性竞争的斗志。大家不玩钩心斗角的阴损招，但喜欢比拼实力与业绩。这种相互促进、共同成长的氛围，不仅能增强团队的凝聚力，还能促进整个渠道部门朝着学习型组织的方向不断进化。

8. 所有成员都有良好的职业操守与强烈的事业心

职业操守与事业心最能体现精英团队的精气神。拥有职业操守的员工往往责任心更强，遇到突发问题时敢于挺身而出，面对困难条件能坚持不懈。假如没有良好的职业操守与强烈的事业心，管理者很难对复杂多变的渠道管理工作保持足够的热情。一旦渠道管理团队缺乏工作热情，就会在日常渠道维护过程中变得越来越松懈，从而埋下各种隐患。

能通过上述八项考验的渠道管理团队将是一支战斗力极强的劲旅。其主要职能是构建生产企业与经销商之间的联系，把产品推广给外部渠道团队成员，并协助他们开拓各个目标市场。因此，外部渠道团队建设的重要性丝毫不亚于内部渠道团队建设。

外部渠道团队建设要点

外部渠道团队的主要职能是负责生产企业与终端客户（即最终消费者）的对接工作，其根本使命是把产品最终推向消费市场。

渠道管理者可以从全体渠道成员中选择优质经销商来组建外部渠道团队。在团队组建过程中应该注意以下五点：（1）与内部渠道团队形成优势互补格局；（2）市场覆盖适度，不能过于密集；（3）安全可控，不会对渠道产生危害；（4）合作高效，对企业有较高的忠诚度与默契度；（5）协调平衡，坚持互惠共赢的利益分配关系。

由于外部渠道团队不是生产企业的下属机构，管理方式必然会与内部渠道团队存在差异。

对于上下级职分明确的内部团队成员，渠道经理应该平等待人、任贤用能、赏罚必信、严明纪律、树立威信、体恤下属。但外部团队成员与渠道经理并非上下级关系，而是一种平级的合作关系。这就决定了渠道经理不宜用强制命令的方式来指挥外部渠道团队，而应该通过目标激励和需求激励等办法来引导他们配合内部渠道团队完成共同的渠道目标。

内外部团队在渠道中扮演的角色各异，却又交织成整个渠道的经脉。假如两个团队的沟通不畅，就会导致营销渠道全盘脱节。

从某种意义上说，渠道经理不仅是内部渠道团队的负责人，也是内部渠道团队与外部渠道团队的协调者。让两个团队保持经常性的密切交流，也是渠道经理的职责之一。渠道经理一方面要带领内部渠道团队从各方面支持外部渠道团队的销售工作，另一方面要让外部渠道团队的市场情报与反馈意见源源不断地输入内部渠道团队。唯有让两个团队学会全方位协同作战，营销渠道才能维持健康高效的运转状态。

▶ 要点回顾

1. 内部渠道团队的考察标准有领导者素质优劣、员工能力强弱、发展规划合理性、业务管理水平、运营流程规范性、绩效考核严密性、团队成员关系好坏、职业道德与事业心等。

2. 建立外部渠道团队应注意遵循优势互补、覆盖适度、安全可控、合作高效、协调平衡等原则。

3. 整合内外部渠道团队资源是实现企商一体化发展的必由之路。

渠道创新，敢走不寻常的路

　　渠道创新也是渠道管理工作的一个重要组成部分。当前的中国处于一个社会大转型阶段，市场变化非常剧烈，许多传统行业正在被颠覆，传统营销渠道也不得不面临重新洗牌的命运。为了适应不断变化的市场大环境，渠道创新已经成为渠道管理者的重要任务。

　　从某种意义上讲，未来企业渠道的生命力与竞争力取决于渠道管理者的创新能力。渠道创新是新理念、新体制、新技术、新方法的集成。通过对现有渠道资源的深度整合与重新布置，传统营销渠道将获得更高的销售能力和运营效率，从而在复杂多变的未来市场竞争中获得更多生存发展空间。

渠道创新的基本类型

　　目前来看，渠道创新主要分为以下几种类型：

1. 组织形态创新

　　传统营销渠道的形态主要是：生产企业——总经销商——二、三级经销商——终端零售网点——最终消费者。这种金字塔型的渠道模式有着强大的市场辐射力，可以帮企业赢得更多市场份额。但传统渠道由于层级较多，导致生产企业与最终消费者之间的距离较大，不利于生产企业快速准确地获取用户的反馈信息。而且多层级金字塔结构也让渠道管理的复杂程度和运营成本大大增加。在电子商务日益发达的今天，信息传递效率较弱、反应速度偏慢的传统渠道越来越不能适应市场需要。

未来渠道的组织形态将趋于扁平化，渠道长度大大缩短，结构变得短而宽，中间商环节减少，整个渠道将以消费者导向为原则进行布局。这种新型渠道的最大优点是压缩了中间环节的运营成本，形成了传统渠道望尘莫及的价格优势，而且生产企业与最终消费者之间几乎直接对接，市场反应速度将得到质的飞跃。扁平化渠道无疑非常适合移动互联网时代的用户消费习惯，但这种新型渠道也并非没有弊端。由于渠道合作伙伴数量大大减少，对企业的市场覆盖能力提出了更高的要求。

从目前来看，渠道组织形态创新的基本方向有：（1）生产企业直接给零售终端供货，省略中间的经销商；（2）生产企业直接下沉到渠道终端市场，渗透到经销商忽略的空白市场中；（3）让总经销商扩大直销比例，减少二级经销商环节；（4）生产企业融入大型连锁企业的商业生态圈，企业负责生产，由大型连锁企业的渠道直供终端零售网点；（5）生产企业组建物流公司，直接向最终消费者提供物流配送服务。

2. 功能结构创新

传统渠道的市场调研、库存、物流配送、销售等功能往往由独立的渠道成员执行，联系松散、各自为政。尽管各个渠道环节分别为营销服务，也能保持整个渠道的正常运营，但渠道资源整合程度较低，管理比较分散，对运营效率难免有所限制。

所以，未来的渠道要在功能结构上进行创新，实现整个营销过程的系统集成管理。主要思路是通过信息化管理打破各个环节相对独立的格局，把所有渠道流程联系成一个高度灵活的系统。每个环节通过共享信息数据来实现最适化协作，为精细化管理打下技术基础。如此一来，新型渠道就能降低渠道运营过程中的无谓消耗，实现渠道资源的最优化配置。

3. 渠道关系创新

渠道成员之间的合作关系也是渠道创新的一个重要方向。传统的渠道管理侧重交易管理，而未来的渠道管理侧重关系管理。换言之，传统的渠道关系是一种纯粹的交易关系，各渠道成员只重视短期利益得失，而不会考虑打造百年品牌之类的长远目标。这种渠道关系很容易导致渠道成员各自为政的格局，从而引发各种渠道冲突，破坏渠道的正常秩序。

未来的渠道采取关系型管理方式，比起短期的销售利润，更重视渠道成员之间的战略合作伙伴关系。无论是渠道设计还是渠道维护，都围绕着巩固渠道战略伙伴联盟关系来展开。企商双方高度一体化，全方位协同作战，共担风险，这样才能实现企商各方以及营销渠道总体利益的最大化。从交易型关系到伙伴型关系，渠道创新还有很长的路要走。

4. 营销模式创新

传统渠道的营销多以大中型城市为开发重心，各个大型知名企业都建立起了严密的销售渠道体系。这些优良市场如今已经趋于饱和，渠道竞争异常激烈。随着我国城市化建设的不断发展，市场重心将从一、二线市场下沉到三、四线市场，这本质上是一个区域市场细分化的过程。生产企业在巩固现有市场的同时，也要看准机会把营销重心下移到这些待开发的市场。

此外，企业除了革新自建渠道的营销模式外，还可以尝试与公共型营销渠道对接。公共型营销渠道指的是京东、阿里巴巴、苏宁电器、家乐福超市等为多个行业的企业提供渠道服务的商业零售终端。这种渠道的最大优点就是直接连通最终消费者，同时整合了多个行业的渠道资源。企业自建渠道的市场覆盖范围通常比较有限，销售终端网点远不如公共型营销。所以，企业可以将自建营销渠道纳入公共型营销渠道体系之中，借助这种庞大的营销渠道来提升自己的销售能力。

通过这四个方面的创新，企业营销渠道将彻底改变传统运营方式，这也对渠道管理提出了更多、更高的要求。

总之，渠道创新没有绝对正确的模式，唯一的根本原则就是因时制宜、因地制宜。只要符合生产企业与各级经销商、零售商的共同利益，能更好地满足最终消费者的市场需求，就是成功的创新。

渠道创新的注意事项

不管是何种形式的渠道创新，都应该注意以下几个方面：

1. 渠道创新应能有效提高终端服务能力

未来渠道建设以消费者为导向，终端服务体系的建设也注定将成为渠道创新的重点。为此，企业渠道管理者应该通过业务培训、学术座谈会、新产品推广会等方式向终端网点灌输新的渠道营销理念，同时根据不同销售终端的特点来传授个性化销售服务技巧。

企业还应该按照目标市场的差异来细化终端服务内容，根据不同的消费者类型来提供更多增值服务。未来的终端服务体系既包括标准化的常规服务，也包含了多种类的个性化增值服务。把服务要求的选择权交给消费者，综合服务系统再将其要求组合成相应的特色服务方案。这种人性化、智能化的终端服务体系是未来渠道创新的努力方向。

2．建立精准营销体系是渠道创新的一个目标

精准化营销建立在对目标消费者需求的精准定位的基础上。许多企业已经可以借助智能设备来采集和分析用户数据，把消费者的需求类型与需求变化整理成一个个客户档案。这样一来，企业就可以向每个目标消费者精准推送符合他们需求的产品信息，摆脱粗放的传统产品营销方式。

想要实现这个创新目标，企业首先要实现渠道各环节的信息化管理，同时还得让各渠道成员树立大数据意识和精准营销意识。只有软硬件建设都准备到位，才能完成这场渠道创新。

3．优化渠道管理机制是渠道创新的必经之路

渠道形态、功能、成员关系、营销模式的创新意味着整个渠道都要脱胎换骨。升级后的营销渠道必须有配套的新型管理机制与新的管理方法。渠道管理机制的创新包括重塑渠道运营流程，重新制定渠道维护标准，改造原先的监督机制与风险管控机制等。经过优化后的渠道管理机制应当具备更高的运营效率、更少的渠道冲突、更低的渠道维护成本、更灵活多样的渠道管理手段。

4．渠道创新不可脱离现实

任何形式的渠道创新都不能脱离相应的社会文化环境。领先于时代固然是一件美好的事，但是渠道创新不能过于冒进，脱离目标市场的发展水平与社会文化环境。比如，在消费水平较低且智能移动设备不普及的地方推广精准化营销模式，超出了该市场的实际情况。又如，在铺设渠道终端网点的时候选择了与当地风俗习惯文化相抵触的营销宣传策略，会引发该区域消费者的抗议。因此，做渠道创新一定要将目标区域市场的情况吃透，不要一味追求标新立异，只要能让渠道体系适应市场环境，就是成功的创新。

▶ 要点回顾

1. 渠道创新可以分为组织形态创新、功能结构创新、渠道关系创新、营销模式创新四种类型。

2. 渠道创新应当注意提高终端服务能力、建立精准营销体系、优化渠道管理机制、不可脱离现实四个方面。

警惕营销渠道的三大基本矛盾

营销渠道是一个商业生态系统，每个渠道成员都相当于一个子系统。各个子系统都致力于壮大自己，在渠道框架内发生碰撞与融合，最终找到子系统与总体系统共同发展的平衡点——这是渠道发展的理想状态。可是，现实并不会自动按照理想状态的步调走。因为营销渠道中天然存在三种不易消除的矛盾。

第一个矛盾是固定的销售区域与不断增加的销售任务。

所有的经销商都被分配在某个区域市场，销售范围的边界是固定的。假如越过自己负责的区域做销售，就成了生产企业最痛恨的窜货行为。划分销售责任片区有利于减少渠道成员的无谓冲突，实现对各销售区域的精耕细作。但对于经销商来说，这个区域市场的范围是恒定的，企业分配的销售任务却是逐年增长。在有限的活动空间里挖掘出更多的市场价值，这无疑会让生意越来越难做。这个矛盾带给经销商的压力会逐年递增，如果不能妥善解决，经销商要么会选择退出渠道，要么会不择手段地增加业绩，打乱整个渠道的秩序。

第二个矛盾是渠道激励措施可能会招致相反的效果。

企业推出渠道激励政策的出发点无疑是提升经销商的销售士气。经销商会为了获得奖励而努力销售，从而在短期内增加产品销量。然而，企业提供的优惠政策本身也会扰乱原先的渠道价格体系，促销活动结束后，产品利润下降，这又反过来打击了经销商的积极性。当企业继续执行激励措施时，经销商可以用这些收益来弥补因产品利润下降带来的损失。企业一旦终止这些激励措施，经销商对销售该产品的最后一点热情也就消亡殆尽了。

　　第三个矛盾是传统独家代理模式与渠道多元化发展趋势。

　　独家代理方式是传统渠道的常用手段，有利于加强经销商对营销渠道的影响力。但当代经济发展趋于多元化，市场需求越分越细，渠道建设也趋于多元化。新兴渠道（如网络渠道）的发展为经销商开辟了新的利润源，但这也大大冲击了其在传统渠道的市场份额。假如不能适应新时代的渠道建设要求，经销商所依赖的传统渠道可能会被市场完全淘汰。

　　以上三大基本矛盾，将一直寄生于营销渠道系统中。如果在渠道管理过程中加以注意，也许能避免这三个矛盾激化，维持渠道的正常运营秩序。倘若在思想上不重视，在行动上没表示，这些矛盾就会变成营销渠道的"癌细胞"。

　　所以，想要保证整个渠道的健康发展，关键在于平时要处理好这三大矛盾。至于怎样在渠道管理中将其落实，请把本书再从头翻一遍，自然能找到答案。